ひとり
ビジネスの
教科書

自宅起業のススメ

The "One Business" Bible

ひとりビジネス習慣の専門家
佐藤 伝
Satoh Den

Gakken

ひとりビジネスの教科書

「給料だけでは不安だな……」

「老後資金は大丈夫なのだろうか……」

「何か副業でもしたほうがいいのかな？」

給料は上がらないのに支出だけが増えていく世の中で、将来に漠然とした不安を感じているあなた。

「上司との相性が悪く、苦痛でたまらない……」

「わがままなお客さんに、いい加減、もうウンザリ！」

「会社に行くのが憂鬱だ……」


理不尽な人間関係のストレスに、心を痛めているあなた。

「なんか毎日がつまらない」

「本当はやりたいことがあるんだけどなあ……」

「仕事をスタートさせたいんだけど、方法が……」

もっと自分らしく生きたいのに、その具体的なやり方がわからずに
悩んでいるあなた。

価値観の合う仲間と助け合い、
自分らしいやり方で社会に貢献し、
お客さんに感謝されながら、
経済的にも精神的にも豊かになる。

そんなビジネスの仕方があるとしたら、知りたくはありませんか？

はじめに

「伽藍《がらん》を出て、バザールへ行こう！」

これは、「ひとりビジネス」の合言葉としてよく引き合いに出される有名なメッセージです。

それは、「会社という古い組織（伽藍）を脱出して、ひとりビジネス（バザール）を目指そう！」という意味です。

しかしながら、実は独立や起業という行為を、自由と変化の象徴のごとき「夢の世界へのチケット」ととらえるのは、すこぶる危険な間違った見方です。

一時の感情で辞表を叩《たた》きつけて自分の会社を興しても、わずか5年の間に85％が解散、または倒産という形で消滅していくという現実があります。

私は、なにも会社を辞めることをすすめているわけではないのです。

「個人事業主」という絶妙のポジションで、複数のキャッシュポイント（収入源）を作って、社会に貢献していくことの可能性を潰してはいけないと言いたいのです。

そう、つまり、ひと言で表現するなら、こうです。

「伽藍を出て、時には・・・バザールへ行こう！」


会社を辞めなくても、貯金がなくても始められる！

サラリーマンでも、専業主婦でも、シニア世代でも、始められる！

本書では、そんな自由で、**自分らしい自宅起業「ひとりビジネス」**で、幸せに成功する方法をご紹介します。

ひとりビジネスの教科書　目次

序章

さぁ、「ひとりビジネス」を始めよう

第1章
「商品」は、こう作る！
コンテンツ&商材編

第２章　「自分ブランド」を構築しよう！

パーソナル・ブランディング編

第3章

ウェブ&システム編

必須！「インターネット」活用術

第4章 最強の「集客」テクニック

集客&マーケティング編

第5章

儲かり続ける「お金」の仕組み

マネー&戦略編

第6章

「ひとりビジネス」成功習慣

感情習慣&思考習慣&行動習慣

第7章

小さな「チーム」、大きな「コミュニティ」

チーム&コミュニティ編

第8章 「ひとりビジネス」マインドを身につける

ミッション&ビジョン編

デザイン　長坂勇司
ＤＴＰ　アド・クレール
校正　乙部美帆
取材協力　奥田高大

「ひとりビジネス」は
最強のビジネスモデル！
リスクなし、貯金なしで、
誰でも始められる
自宅起業です。

序　章

さぁ、
「ひとりビジネス」を
始めよう

雇われて働く時代は、もう終わった！

すでに、あなたも感じていると思いますが、大企業に勤めていれば安定・安心の時代ではありません。個人よりも組織を優先させ、眉間にシワを寄せながら、我慢してイヤイヤ働くようなワーキングスタイルは、色あせて古くなりつつあります。

雇われて会社の歯車となって働くというモデルは、これからは機能しなくなっていくでしょう。殿様（上司）と家来（部下）という主従関係のビジネスモデルそのものが、過去の遺物となりつつあるのです。

「ひとりビジネス」は、世界的な流れです。

アメリカで２０１４年９月に実施されたフリーランス実態調査〝Freelancing in America〟によると、フリーランス人口は５４００万人。これは、全米の労働人口の34％。まさに3人にひとりが、「ひとりビジネス」をしているわけです。

時間差があるにせよ、アメリカのトレンドは少なからずわが国へも影響を及ぼしていますから、**日本も「ひとりビジネス」の時代に突入していくことでしょう。**

「パソコンは、ちょっと苦手です」

「インターネットは、どうも信用できない」

などとどんなに言っても、ＩＴなしでは回らない世の中になったように、個人が自立して働く時代がもうそこまで来ているのです。

少し前までは、

「えっ、ひとりで仕事をやってるの？」

とビックリされましたが、おそらく何十年か後には、

「えっ、会社に勤めてるの？」

と驚かれるようになるでしょう。

誰もが当たり前のように自立して、イキイキと仕事をしていく。とうとうそんな時代がやってきたのです。

もう、会社にしがみつかない！

「ひとりビジネス」で、お金と自由を手に入れる

突然ですが！　あなたの「キャッシュポイント」は、いくつありますか？

キャッシュポイントとは、「収入源」のこと。お金の入り口です。

次の「9マスメモ」で、あなたのキャッシュポイントを確認してみましょう。

中央のマスに、氏名を記入。取り囲む8つのマスに、あなたの収入源を書き込んでいくのです。

たとえば、会社員の方なら「会社の給料」、お店をやっている方なら「店の売り上げ」、専業主婦の方なら「夫の給料」など、まずメインの収入源を書き込みましょう。

さらに、株式投資をやっているなら「株」、マンションなどの家賃収入があるなら「マンション家賃」、コンビニでアルバイトをしているなら「コンビニのアルバイト」などと、その他の収入源もどんどん記入していきます。

あなたのキャッシュポイント（収入源）は、いくつありますか？

●あなたの場合

	（　　　）のキャッシュポイント	

㊀例　ファイナンシャルプランナー・鈴木一郎さんの場合

ダウンロード形式ＰＤＦ販売	音声ＣＤ・動画ＤＶＤ販売	有料メールマガジン
小冊子販売	鈴木一郎のキャッシュポイント	有料セミナー・プチ講演会・勉強会
スカイプでの有料相談	対面でのカウンセリング・コーチング・コンサルティング	有料ウェビナー・オンラインスクール

アナログ商品
デジタル商品

「９マスメモ」に、あなたのキャッシュポイントを書き込んでみましょう。
書けなかった方は、次の第１章を熟読後に再チャレンジ！

さて、8つのマス、全部埋められましたか？

「そんなの1つしかないに決まってるよ！」

そんな声が、たくさん聞こえてきそうです。

そうです。今、日本ではほとんどの人が、キャッシュポイントを1つ（せいぜい2つか3つ）しか持っていないのです。でも、それってとってもリスクが高いですよね。

先日、ファイナンシャルプランナーの方向けの講演会で尋ねたら、みなさんお金の専門家であるにもかかわらず、最高3つしかキャッシュポイントがありませんでした。

「ひとりビジネス」を始めれば、複数のキャッシュポイントを持つことができます。

キャッシュポイントが1つしかないと、それを必死で守り抜こうとしがみつき、お金をくれる人や組織の顔色をうかがい、ビクビク生きることを余儀なくされます。

複数の収入源があるだけで、会社や他人に依存しないで、経済的にも精神的にも、自立して生きる人になれるのです。

「8つのキャッシュポイント」を持て！

あなたの興味、経験、強みが、お金に換わる

さらに、私が「ひとりビジネス」をすすめる理由が、2つあります。

1つには、人は、やりたい仕事の内容が変わってくるからです。

「私は一生、花形の営業マンとして、第一線で働く！」などと鼻息荒い人もいるかもしれませんが、将来、やりたいことが変化してきたときに、組織では好き勝手にはできません。

もう1つには、人間関係に悩まされなくてすむからです。

会社勤めをすると、何年も、人によっては何十年も決まった部署で、そのうえ、「あなたの席はここだよ」と座る場所まで固定されてしまいます。夢のような人間関係ならば快適ですが、現実には「どうも苦手」という人っていますよね。

「ひとりビジネス」なら、わずらわしく理不尽な会社の上下関係とは無縁。「この人

とは合わないな」となったら、次からその人と組まなければいいだけです。

組織にとらわれず、好きなときに、好きな場所で、好きな人たちとゆるやかにつながって、あなた自身を活《い》かしながら社会に貢献していく。

自分の興味、経験、強みを活かして、自由に自分のメッセージを発信しながら、お客さんが「ありがとう！」と感謝し、お金を払ってくれる。

「ひとりビジネス」は、最高にハッピーなノンストレスのビジネスモデルなのです。

「ひとりビジネスとフリーランスは、何が違うのですか？」

という質問を、ときどき受けます。

フリーランスは相手に合わせることが多い、いわゆる受注型。一方、「ひとりビジネス」は、もっと主体的な提案型。自分から商品やサービスを売っていきます。

どちらも「個人事業主」で、基本的には同じですが、マインドが大きく違うのです。

好きな人たちと、好きなことで、お金を稼ごう。

会社を辞めなくても、主婦でも始められる「自宅起業」

「ひとりビジネスを始めよう！」

と言うと、いきなり会社の上司に辞表を叩《たた》きつけようとする人がいます。

でも、ストップ！　「ひとりビジネス」を始めて、すぐに売り上げが立つ保証はありません。１か月、半年、１年……と時間だけが過ぎてしまう可能性もあるのです。

そう、今あなたが会社に勤めているなら、

「会社を辞めずに、ひとりビジネスをやれ」

というのが、私の主張です。

私の経験上、感情的になって唐突に会社を辞めてから「ひとりビジネス」を始めてうまくいった人を見たことがありません。準備不足のまま退職・辞職した人たちは、いったい何をするかというと……、勉強なのです。突然、自由な時間が増えるので、図書館で本を読みあさって、いろんな人のセミナーをわたり歩く。でも、インプットばかりで、何1つアウトプットしていかない。これでは、結果も出ません。

それに、会社を辞めて急に収入がゼロになってしまうと、「お金を稼がなくては！」というプレッシャーで余裕がなくなり、いい発想も湧いてこなくなってしまいます。

生活費として一定の収入を確保しておくためにも、**一時の感情からいきなり会社を辞めるなどという大きなリスクを冒さないことです。**

「会社が副業を禁止しているので、勤めながらひとりビジネスはムリです」という人がたくさんいるのですが、実際には、ダメだと思い込んでいる場合がとても多い。まずは、契約書や就業規則を確認しましょう。責任者に相談してみたところ、「本業に支障のない範囲でやってよし」とか「会社のPRになるからOK！」など、意外な回答をもらって、かえってビックリしたという人も少なくありません。

専業主婦の方なら、家事に差し障りのない範囲から始めましょう。いきなり「ひとりビジネス」に没頭して、パートナーや家族をほったらかしにしてしまっては、成幸《せいこう》（幸せな成功＝ハッピー・サクセス）はつかめません。

実は、主婦は「ひとりビジネス」で成功しやすいのです！ しかも、ママ友が多け

会社を辞めずに、「ひとりビジネス」をやろう！

○会社を辞めなくてもOK！

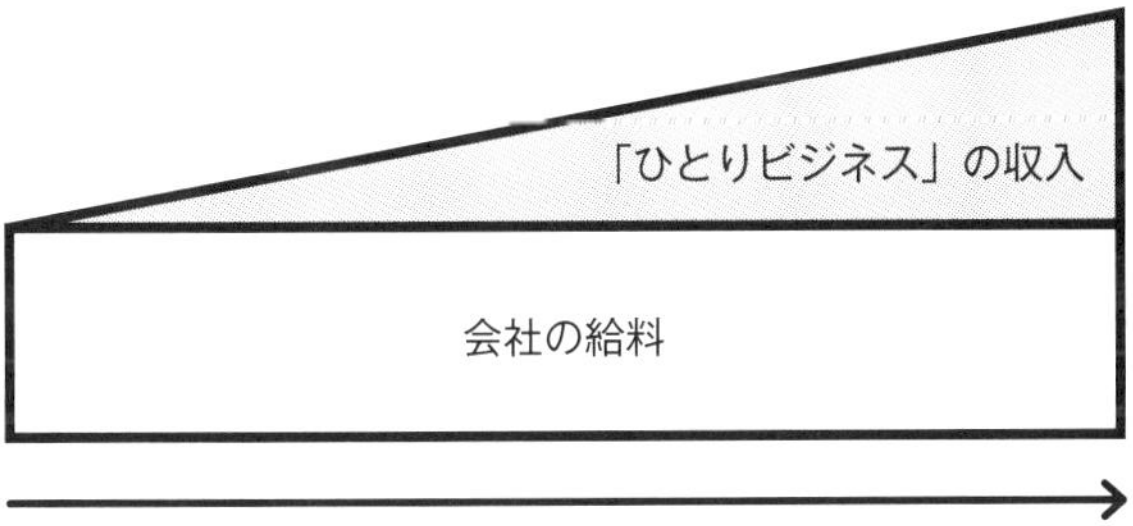

×いきなり会社を辞めてしまうと、リスクが高い！

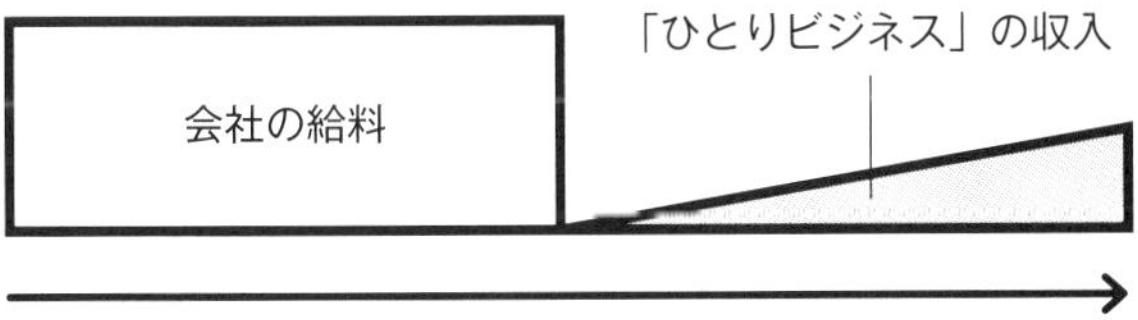

れば多いほどうまくいく。なぜなら、エンロールパワー（人を巻き込む力）が、一般のサラリーマンよりも圧倒的に強いから。「ひとりビジネス」は、口コミやコミュニティの基盤があると、成功しやすいのです。

よく誤解されますが、**「ひとりビジネス」は、ひとりぼっちで寂しく行うビジネスではありません！**「人間」とは、文字通り、人の間で生きるものですが、人と人とが関係し合って生まれるのが、「ひとりビジネス」なのです。だから、

「私は何のスキルもないし……」

「私は専業主婦だし……」

なんて、心配は無用。あなたのエンロールパワーを活かしてみてください。

また、シニア世代の方は、年齢を気にされる場合が多いのですが、これも心配はいりません。むしろ、**シニア世代の方は、培ってきた経験や知識が活きるはずです。**

当然、始めてからすぐに結果が出るわけはないので、今のうちから楽しみながらマイペースで始動していけば、ちょうどよいのではないでしょうか。

会社を辞めずに、「ひとりビジネス」をやれ！

貯金なし、才能なし、人脈なしでも大丈夫！

「伝ちゃん先生、ひとりビジネスを始めたいんだけど、そもそもお金がありません」という相談が、とても多くあります。

大丈夫！　貯金がない人のほうが、ひとりビジネスはうまくいきやすいのです。

貯金がない人はお金をかけられないので、どうしても頭を使わなければいけません。

たとえば、お金がないAさんと、貯金が100万円あるBさんが、インターネットを使って「ひとりビジネス」を始めたとしましょう。

Aさんは、お金も、ホームページを作るスキルもないので、無料で、専門的な知識がなくても始められるアメーバブログ（通称「アメブロ」。詳しくは137ページ）だけでスタートしました。

一方、Bさんはお金があるので、図書館で半年間しっかり勉強してから、ホームページもブログも専門家に依頼して、100万円かけて作りました。

さて、どちらが先に、「ひとりビジネス」として成功したと思いますか？

結果は、Aさんです。Aさんは初期投資していませんから、「これだけ売り上げなきゃ赤字になる」という焦りがありません。ところが、Bさんは投資した100万円をどうにか回収しようという心理が働いて、つい強引に商売をしていました。

そのちょっとした心の余裕が、成否を分けてしまったのです。

もちろん、「ひとりビジネス」を始めるにあたり、いきなり会社を作る必要なんてありません。必要なのは、パソコンとスマホと「ビビさわズー」（詳しくは223ページ）だけです。

特別な才能や人脈があるかどうかも、関係ありません。

それよりは、自分の興味、経験、強み、「これならできそうだ！」ということを、どうやってビジネスにリンクさせていくかというアイデアが大事です。

人脈も、「ひとりビジネス」を続ける過程で、広げていけばいいのです。

お金をかけずに、始めよう。

年収1000万円も、夢じゃない!?

「ひとりビジネスって、結局いくら稼げるの？」

「100万円？　1000万円？　もしかしてそれ以上？」

お金のことって、やっぱり気になりますよね。でも、正直なところ、これはもうピンキリとしか言えません。手取りひと月3万円くらいから始まって、それこそ、**年収何千万円も稼ぐ人もいます。**私の知る範囲の方でのマックスの年収は、2億円です。

サラリーマンをしながら、「ひとりビジネス」で成功している例を紹介しましょう。

杉本正寛さんは、一般企業にお勤めのサラリーマン。彼の「ひとりビジネス」はいたってシンプル。本を出版した人に、「出版記念セミナーをやりませんか？」とフェイスブックなどのSNSを使ってメッセージを送り、有料セミナーを開催してもらいます。そのセミナーで得た参加費を、著者と折半するというビジネスなのです。

出版する著者は、選ぶのに困ってしまうほどたくさんいます。毎日、平均２００冊以上の新刊が出版されているからです。また、正寛さんの主催するセミナー情報コミュニティ（「ハッピーゴルゴンゾーラ」http://www.hapigon.com/）には、数百人のメンバーがいます。告知をすれば、20～30人はすぐに集まります。彼は当日、特に何をするわけでもないので、作業としては著者にメッセージを送ることと、会場を押さえることぐらい。

それほど「ひとりビジネス」に多くの時間を割いているわけではありませんが、会社の給料とは別に、年間数百万円の「第２の給料」を得ています。

ただし、**「ひとりビジネス」で金額の目標を立てる必要は、必ずしもありません。**そもそも、「今年は○○円！」といった目標設定は、会社員的発想。ヤル気が出るならいいですが、それより**大事なのは、自分がワクワクするかということ。**この静かな「ワクワク感」を大切にしながら、「ひとりビジネス」という苗を育てていきましょう。

「ワクワク感」を大切にしよう。

成功のカギを握る「8つの分野」

いよいよ「ひとりビジネス」を始めようという気分が高まってきましたか？　ここで、「ひとりビジネス」成功のカギを握る「8つの分野」についてご説明しましょう。

【ひとりビジネスの8つの分野】

①コンテンツ&商材……いわゆる「売り物」「商品」のこと。形のある商品だけでなく、サービスも商品の1つ。売り物がなければ、「ひとりビジネス」は始まりません。

②パーソナル・ブランディング……あなた自身をブランド化すること。「ひとりビジネス」だからこそ、「個人のブランディング」がとても重要です。

③ウェブ&システム……「ひとりビジネス」に、「インターネット」は必須。ネット

を活用して、自分メディアを構築し、仕組みを作っていきましょう。

④集客&マーケティング……「集客」のコツをつかんで、売り上げを伸ばしましょう。

⑤マネー&戦略……目を背ける人が多い「お金」のこと。これは潜在意識でお金を嫌っているから。それを直すことが、「ひとりビジネス」に成功をもたらします。

⑥感情習慣&思考習慣&行動習慣……「習慣」とは、心と頭と体のクセ。「感情習慣」「思考習慣」「行動習慣」を「ひとりビジネス」用に軌道修正します。

⑦チーム&コミュニティ……「ひとりビジネス」だからこそ、「チーム」の発想が重要！　「コミュニティ」とは、別名あなたのファンのことです。

⑧ミッション&ビジョン……「ミッション」とは使命、「ビジョン」とは志。明確になればなるほどブレない自分軸ができ上がっていき、多くの人から応援されます。

「ひとりビジネス」で成功している人は、この8つの分野がうまく回っています。

8つの分野は、やりやすいところから始めましょう。**大事なのは、どの分野もおろそかにしないことです。**次から、章ごとにそれぞれ研究していきましょう。

「8つの分野」をおろそかにしない。

「ひとりビジネス」成功のカギを握る 8つの分野

ウェブ & システム	集客 & マーケティング	マネー & 戦略
パーソナル・ブランディング	「ひとりビジネス」8つの分野	感情習慣 & 思考習慣 & 行動習慣
コンテンツ & 商材	ミッション & ビジョン	チーム & コミュニティ

8つの分野は、やりやすいところから始めてOK。
ポイントは、どの分野もおろそかにしないこと。
要は、8つの分野のバランスが大事！

お客様に提供するものがなければ、
「ひとりビジネス」は成立しません。
当たり前ですよね。
商品作りの手順とコツを
お伝えします。

第 1 章

コンテンツ＆商材編

「商品」は、こう作る！

「売り物」がなければ、「ひとりビジネス」は始まらない！

「ひとりビジネス」で、多くの人が最初に悩むのが、「何を売るか？」です。
でも実は、**商品は誰でも簡単に作れるのです！**
まず、商品の種類について、考えてみましょう。
「制作者」という観点から分析すると、商品は次の３つのタイプがあります。

【商品の制作者】
①自分の商品……自分が作ったオリジナル商品。
②他人の商品……自分以外の人が作った商品。
③コラボ商品……誰かとコラボレーションして作った商品。

さらに、「形態」は次の2つに分けることができます。モノとモノ以外、つまり、物販とサービスです。

【商品の形態】

①モノ……実際に手に取ることができる、形のあるもの。それを売るのが、物販。
②サービス……形のないもの。心理的・肉体的な満足や経済的な成長を与えるもの。

一方、販売に関しては、「販売場所」と「販売方法」がそれぞれ2つずつあります。

【商品の販売場所】

①インターネットで売る……ホームページやフェイスブックページなど。
②リアルで売る……イベント会場やセミナー会場、1対1の対面など。

【商品の販売方法】

①自分で売る……文字通り、なんとか自分の力で売る。
②他人に売ってもらう……自分以外の人に紹介してもらい、売ってもらう。

商品作りは、24通りもある！

【ひとりビジネス・商品テーブル24】

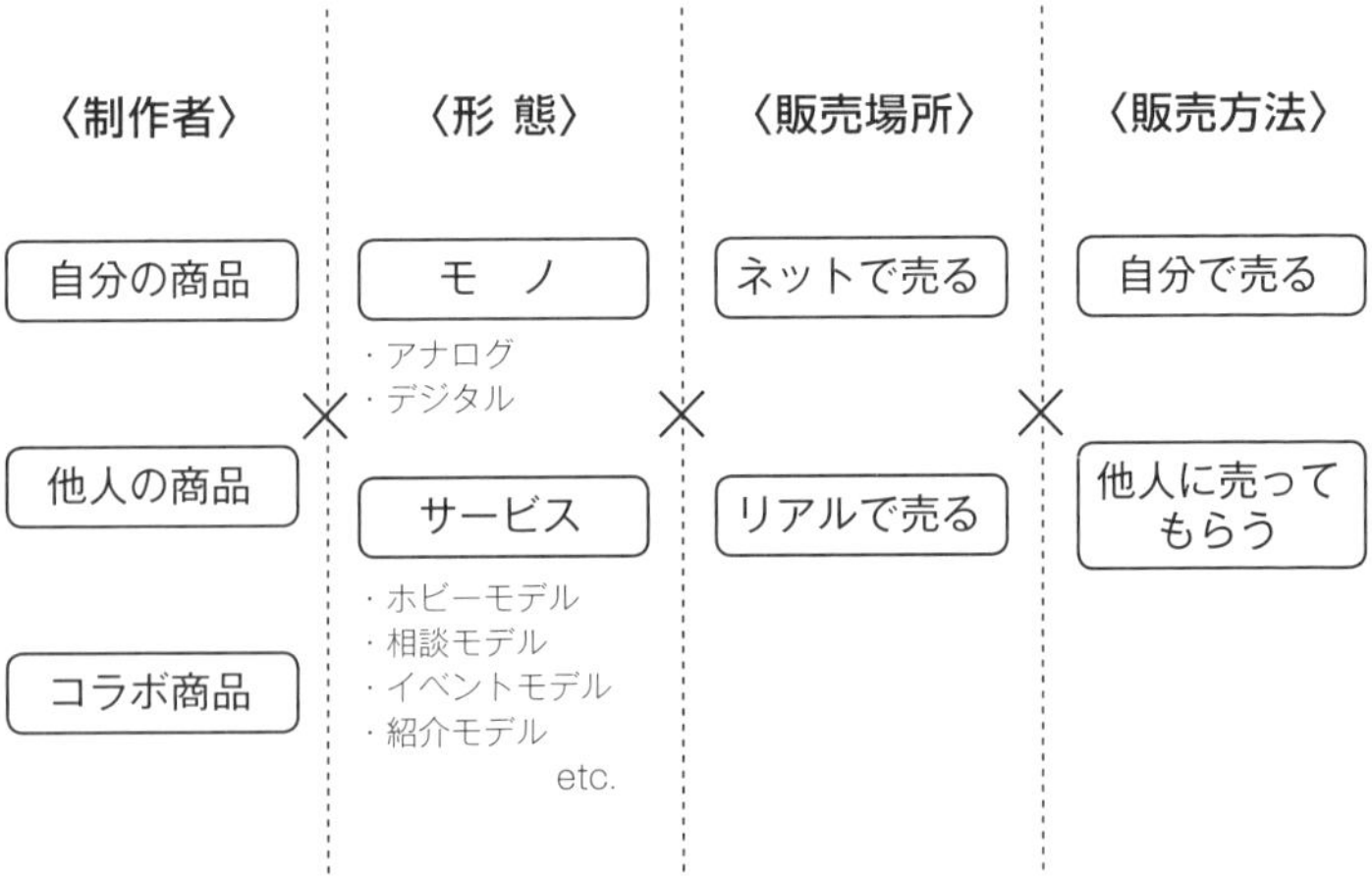

商品作りは、制作者（誰が作ったものを売るか）、形態（どんな形態のものを売るか）、販売場所（どこで売るか）、販売方法（誰が売るか）の4方向のアプローチにより、24通りの組み合わせがあります。
上のテーブルから、お金をかけずにシンプルに起業するには、他人の商品（モノ or サービス）をネットで売ることです。

これらをうまく組み合わせていくと、商品は一気に増えます。

右の図を見てください。商品作りは24通りも考えられるでしょう。

それぞれについては後ほど詳しく説明しますが、こうして考えると、漠然と自分だけで、

「なんとか商品を作らなくちゃ！」

「なんとか商品を売らなくちゃ！」

と焦っていたときよりも、グ～ンと視野が広がった気がしませんか？

会社であれば会議をして、稟議《りんぎ》書を回して決裁をもらい……と進めているうちにプロジェクトが途中で自然消滅してしまうなんてことも少なくありませんが、さまざまな商品の作り方を考えて、すぐに実行できるのが「ひとりビジネス」の醍醐味《だいごみ》です。

「ひとりビジネス」だからこそ、ビビッときたらサクッと行動する「ビビサク」の精神で、どんどん商品を開発し、それをダイレクトに売り上げに結びつけていきましょう。

「何を売るか？」を考えよう。

最初は、「他人の商品」を売ってもOK！

商品の種類がイメージできたら、具体的に商品作りについて考えていきましょう。

商品には、**「自分の商品」**と**「他人の商品」**と**「コラボ商品」**がありますが、中でも、自分の商品は「ひとりビジネス」の基本です。

たとえば、手先が器用な人なら自分で小物を作ったり、洋服を作ったりすることが可能です。自分の経験や知識を文章や音声・動画にまとめることができれば、それも自分の商品になります。会社でこれまで何百と企画書を作ってきた人なら、企画書作成のノウハウをわかりやすく文章化できれば、それが自分の商品になります。

ただし、**オリジナル商品にこだわる必要はありません！**　巷《ちまた》のコンサルタントが、したり顔で声高に叫ぶＵＳＰ（ユニーク・セリング・プロポジション。独自の売り）という専門用語に惑わされないことです。

「商品は、とにかく独創性を持ったものでなければならない」

「いいオリジナル商品ができたら、ひとりビジネスを始めることにしよう」

このＵＳＰの呪縛から抜け出せないと、商品の種類が極端に少なくなるだけでなく、いつまでたっても一歩を踏み出せないまま、勉強だけをし続けることになりかねません。

自分で作ることができなければ、**他人の商品を売ってもいいのです。**自分でゼロから商品を作るより、比較的ラクに、すぐにスタートできるはずです。

たとえば、もしあなたが料理上手なら、これまで試してきた食材やキッチンツールの中からオススメのものを販売する。もしあなたが文房具に詳しいならば、オススメの文房具を使い方といっしょに紹介して販売するといったことも可能です。

ひとり具体例をあげましょう。

岐阜県の田中美帆さんは出産・子育てを機に、子どもが安心して食べたり、使ったりできる商品を自分で試しては、周りの人に紹介していました。ナチュラル生活や料理を紹介したブログが人気となり、全国にファンが広がったのをきっかけに、オンラインショップ（「ハッピーナチュラル」http://www.happynatural.jp/）をスタート。

美帆さんのサイトはリスクを減らすために基本的には在庫を持たず、自分がセレクトした本当にいい商品だけを紹介して、注文が入ったらメーカーから直接発送してもらうシステム。ただし、超オススメ商品だけは、迅速にお届けするために、あえて在庫を持つことにしています。このバランス感覚が素敵ですね。

現在は一大ＥＣサイト（インターネット上で、商品やサービスを販売するウェブサイト）として大成功していますが、成功の秘密は、「子どもに安心なものを与えたい。そして、周りの人にも教えてあげたい」という美帆さんの思いを、うまく「ひとりビジネス」に昇華したこと。それが、たくさんのママの共感を呼んだのです。

もうひとり、具体例をご紹介しましょう。

Ｆさんは、あるビジネスで大成功しています。自分が大好きな本を読んで、要点をまとめ、感想もつけ足して、週に1回、有料メルマガを配信するというビジネスモデルです。「この本は役に立つはず」と思う著作を要約し、紹介するのです。

Ｆさんのメルマガは、本の各章ごとに大事な部分のダイジェストを紹介するサービスが受けて、月額５００円で、１０００人以上の購読者がいます。「時間がなくて本が読めない。エッセンスだけでも知りたい」というビジネスパーソンは、たくさんいるのです。

このビジネスモデルをマネて有料配信している友人を、Ｆさん以外に５人ほど知っています。どのメルマガも、３５０人から１２００人くらいの購読があります。もちろん継続しているから、徐々に人数がアップしていったわけですし、人によって収入にばらつきもありますが、自分の好きな本や雑誌を読んで、それが大きな収入になるなんて、本当に素晴らしいと思いませんか？

このおふたりのように、**オリジナル商品であるかどうかよりも、「みなさんのお役に立てる商品かどうか」のほうがよっぽど重要なのです。**１００％何から何まで自分ひとりのオリジナル商品を作り出そうと考えないことです。「他人のいいものを紹介してあげる」という視点を変えた逆の発想を持てば、商品はいくらでもあります。

また、**「ひとりビジネス」実践者同士で、コラボ商品を作るという手もあります。**

もしあなたが文章を書くのが得意で、周りに人の話を聞くのがとても上手な人がいたとしましょう。そうすれば、書き手と聞き手を分担して、「あなたの半生・自分史を文章にまとめます」というかなり魅力的な商品を作ることだってできます。

企画書を作るのが得意なら、イラストが上手な人とコラボして、「あなたの企画を世界に1つのイラストつき企画書に仕立てます」という商品を作ることもできます。

コラボ商品は、ふたりで作っても、3人とか5人で作ってもまったくかまいません。不思議なもので、誰かとコラボしたほうが、ひとりで黙々と商品を作るよりアイデアも出ますし、モチベーションも上がります。何より、複数人で進めるプロジェクトは早く商品化しようとするエネルギーが作用し、形になるのが格段に早くなります。

コラボ商品は同じ価格で、どちらの人も自由に売れるようにするのがコツです。


こんなふうに考えていくと、商品が作れない人なんていないと思いませんか？

常に「商品化できないか？」という意識を持って頭を働かせていれば、たいていのものは商品として販売できます。この前向きの意識を、けっして忘れないようにしましょう。

オリジナル商品に、こだわりすぎない。

「モノ」を売るのか？「サービス」を売るのか？

商品の形態には、**「モノ」**と**「サービス」**があります。

モノは、さらに2つに分けることができます。

【モノ】

①アナログ商品……宅配便で届けることができるモノ。たとえば、アクセサリーや筆文字作品、小物、アロマオイルなど。

②デジタル商品……「情報商材」と言い換えることもできます。ダウンロードしたり、メールに添付したりできるなど、インターネット上でやり取りできるデータ。たとえば、伝えたい情報（知識やノウハウ）のＰＤＦファイル、音声データや動画データなど。

よく「情報なんて売れるの？」と聞かれますが、たとえば、人とのコミュニケーションが得意な人なら、そのノウハウをまとめて、文字データや音声データ、動画データにすれば、立派なデジタル商品になります。

また、デジタル商品はアナログ商品に、アナログ商品はデジタル商品に変換することが可能です。

たとえば、ＰＤＦファイルというデジタル商品を紙に印刷すれば、小冊子というアナログ商品になります。逆に、小冊子というアナログ商品をデータ化すれば、デジタル商品をすぐに作ることができます。

一方、「サービス」には、実にさまざまなモデルがあります。代表的なものを４つあげてみましょう。

【サービス】

③ホビーモデル……特技を売ること。ネイルアート、マッサージ、写真撮影など。

④相談モデル……相談業務。企業へのコンサルティング、個人へのカウンセリング

やコーチングなど。
⑤イベントモデル……イベントの主催。セミナーや講演会や○○サミットの開催など。
⑥紹介モデル……人やモノ、サービスの紹介。「アフィリエイト」もここに含まれる。

それ以外にも、アイデア次第でサービスは無限です！

私の学習塾時代の教え子は、「犬の散歩ビジネス」で、たったひとりで月に200万円近い売り上げがあります。

犬好きだった彼は、「大型犬を散歩させるのはけっこう大変で、しかもなかなか代行してくれる人がいない」という点に目をつけ、「飼い主の留守中に散歩代行をする」という「ひとりビジネス」を思いついたのです。

セントバーナードやコリーやゴールデンレトリバーなどの大型犬を飼えるスペースと経済的余裕がある家庭は、優良顧客。自身でPRしなくても、次々とお金持ちの「犬友」を紹介してくれ、大繁盛となりました。

さらに、犬の散歩だけに限らずに、犬のおやつやグッズなど、厳選した質のいいペット関連商品も販売していったことで、毎月の売り上げを大きく伸ばしたそうです。

①から⑥の項目をヒントに、あなたなら、いったいどんな商品を生み出せるかを考えてみましょう。

ここで忘れてはいけないのは、**1つの商品だけに頼るのはリスクがある**ということです。

昔、私の友人に、ある健康食品を扱って大成功していた男性がいました。ところが、ある日、テレビや新聞で、その健康食品に発がん性物質が混入している疑いが報道されたとたん、まったく売れなくなってしまい、収入がゼロになってしまったのです。その後、疑いは晴れたものの、収益が回復することはありませんでした。

彼のような失敗を犯さないためにも、商品は1つに頼ってはいけません。**複数の商品を持ちましょう。**

「モノ」と「サービス」、さらに「アナログ商品」と「デジタル商品」をバランスよく配置することで、次第にそれぞれが結びつき、ビジネスが軌道に乗りやすくなります。1つの商品におんぶにだっこ状態にならないよう、今から準備を始めましょう。

商品を、バランスよく配置しよう。

「ネット」で売るのか？「リアル」で売るのか？

商品を作りっぱなしでは、いつまでたっても「ひとりビジネス」は始まりません。作った商品を、「どこで」「どうやって」売るかは、商品作りと同じくらい、いえ、それ以上に重要です。

商品の販売場所には、**「インターネット」**と**「リアル」**があります。

ネットで売る方法。これは簡単ですね。**ホームページで販売するほか、フェイスブックページで商品を販売することも可能です。**また、最近では、ブログを作るような感覚で、誰でも簡単にネットショップを作れるサービス（詳しくは127ページ）がいくつもありますから、それらを活用するのもいいでしょう。

リアルで売ることも、軽視してはいけません。当然、ネットでの販売に比べれば、お客さんや販売数も限定されてきます。しかし、対面でのリアルな販売には、安心感やつながりといった、ネットでは構築できない多くのメリットがあります。

同じ商品でも、ネット上にただ並んでいる場合と、親しい友人からすすめられるのとでは、欲しいという気持ちがまったく異なりますよね？　それに1度、リアルで購入してくれた人は、次はネットでも購入してくれるケースが少なくありません。

ですから、リアルで売る方法も、常に考えておきましょう。

ただし、いくらリアルで売ると言っても、**「ひとりビジネス」の場合は、店舗を構える必要はありません。**

言うまでもありませんが、固定の店舗を持てば、家賃や光熱費がかかるのはもちろん、誰かが接客する必要があります。もし、その役をあなたがこなさなければいけないとしたら？　とても商品作りどころではありませんよね。

セミナーを開催して会場で販売する、どこかの催しへ出張販売に行く、友人の店に置かせてもらうなど、なるべくコストのかからない方法から始めましょう。

「ネット」と「リアル」のダブルで売ろう。

「他人」に売ってもらえば、どんどん売れる

商品の販売方法には、**「自分で売る」**という方法と、**「他人に売ってもらう」**という方法の2通りがあります。

自分で売るというのは、文字通り、ネット上にせよ、リアルにせよ、あなた自身がかかわる販売方法です。

それに対して、**他人に売ってもらう方法が、「ひとりビジネス」では非常に重要になります。**

大きな組織で動くのと違い、「ひとりビジネス」ではどうしても販路に限界があります。だから、「ひとりビジネス」をやっている人や、影響力のある人に、自分の商品を販売してもらえないか、尻込みせずにお願いするのです。

人って不思議なもので、意外とお願いに弱いのです。大半の人は遠慮して、「こんなお願いをしたら厚かましいヤツと思われるんじゃないか」とか「断られたらどうしよう」とアレコレ余計な心配をして、結局は何もしないことが多いので、実は人からお願いされることって少ないのです。

でも、人に何かを頼まれると頼りにされているようで、うれしかったりしますよね。ですから、ダメでもともと、さわやかにズーズーしく「さわズー」の精神で、気軽にお願いしてみましょう。あなたのお願いを快く受け入れてくれる人が、きっと見つかるはずです。

ですが、もちろん、お願いしてばかりではいけません。協力してくれる人を、あなたもしっかりと、真心で応援することを忘れないでください。

「他人」にも売ってもらおう。

「あなたの商品」を求める人は、きっといる！

「ひとりビジネスを始めたいけれど、何を売ったらいいかわからない」
「商品作りって、いったい何からやったらいいのかわからない」
よくそんな質問をされます。

商品作りのために最初にやること、それはズバリ、リストアップです。

自分自身で思いつく限りの「提供できるもの」をすべて書き出してみるのです。アナログ商品だけでなく、デジタル商品も、可能性のあるものを全部いっさいがっさいすべて書き出して、俎《まないた》の上に載せてみることが大事です。

次に、友人に聞いてみる。

「お金を払ってでも、私にやってほしいことって、どんなこと？」

言い換えれば、「人のお役に立てることは何かを知る」ということです。みんなから「ありがとう!」と言ってもらえることは、お金に換えることができます。**「お金は感謝状」なのです!**

「ひとりビジネス」では、ただ自分の好きなことをしてもうまくいきません。趣味とビジネスは違います。**「自分の好きなこと」と「人のお役に立てること」が重なる部分が大きいほど、「ひとりビジネス」はうまくいきます。**

私の生徒の中に、こんな人がいました。

福富さん(男性)はフィギュアを作るのが大好きで、女の子の人形などをとても上手に作って、きれいに色づけまでしていました。そこで彼は、「フィギュアを作って販売する」という「ひとりビジネス」を始めることにしたのです。フィギュアの1つ1つはけっこうな高額商品です。でも、まったく売れませんでした。

そこで私が提案したのが、「お子さんやお孫さんの写真を送ってもらって、それをフィギュアにする」ということでした。すると、

「入学記念に、ランドセルを背負ったわが子のフィギュアを作ってほしい」

「誕生日のプレゼントとして、孫のフィギュアを作ってほしい」

あなたの商品の見つけ方

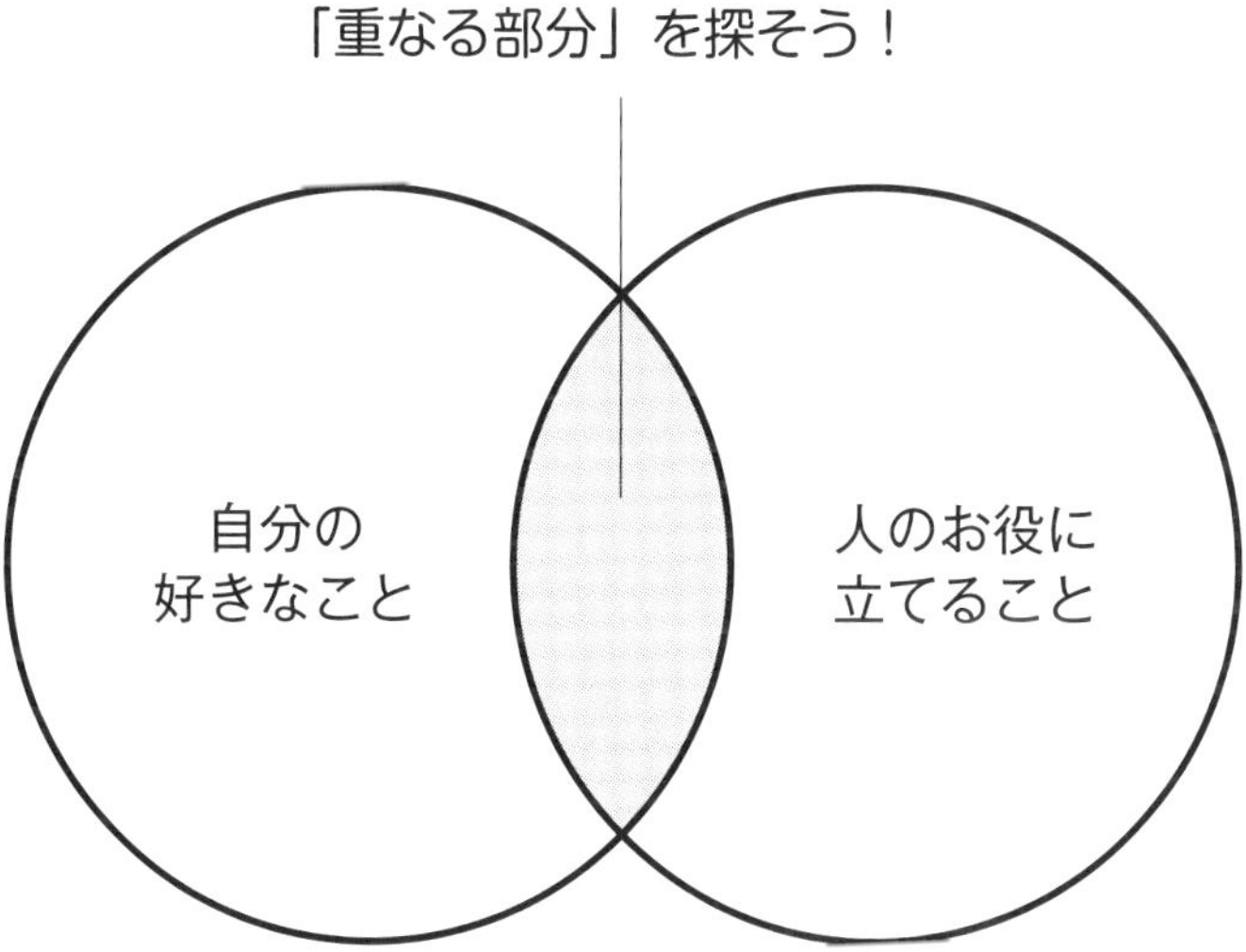

「自分の好きなこと」と「人のお役に立てること」の重なる部分に、
あなたの商品がある！

と注文が殺到。あっという間に、すごい売り上げになったのです。

こんな人もいました。

「プロフィール写真の専門家になりたい」と、私の個人コンサルに訪れた大儀見《おおぎみ》さん（女性）。実績もないので「ひとりビジネス」を始めても難しいだろうなと感じた私は、「お金を払ってでも、自分にやってほしいことって、どんなこと？」

と周りの人に聞いてみるようにアドバイスしました。すると、異口同音にこう言われたのです。

「あなたは話を聞くのがとっても上手だから、悩みをとにかく聞いてほしい」

そこで、彼女が「人の悩みを聞く」というスカイプでの相談サービスを始めたところ、またたく間にお客さんが集まりました。彼女は、自分が人の話を聞いてそれがお金になるなんて、思ってもいなかったそうです。

最初はとても喜んでいた彼女でしたが、しばらくすると、

「本当は写真を撮りたいのに、誰もプロフィール写真の撮影を依頼してくれない。やっていてつまらない」

と、またまた悩んでしまったのです。

こんなとき、どうしたらいいと思いますか？

人の悩みを聞くのはやめて、プロフィール写真専門家として活動を始める？ それとも写真家はきっぱりあきらめて、人の悩みを聞く専門家としての道を歩んでいく？

答えは、どちらも間違いです。両方がつながるようなビジネスにすればいいのです。

たとえば、商品ラインナップを次のようにすればどうでしょうか？

①お客さんが抱えている悩みを何でも聞きます。（お試しの30分）

②さらに詳しく悩みを聞きます。（90分）

③悩みを解決するためのヒントをアドバイスし、お客さんがより輝くためのツールとして、名刺やプロフィール・シートに使う写真を撮影します。

自分の好きなことと人のお役に立てることとが、見事にリンクしているでしょう？

自分ではたいしたことないと感じていることが、他人にはすごいことだったりするものです。そこに、商品作りの大きなヒントが隠されています。

ぜひ、恥ずかしがらずに聞いてみてください。

「お金を払ってでも、私にやってほしいことって、どんなこと？」

「好きなこと」と「お役に立てること」が重なる部分を探そう。

商品を充実させる2つのヒント

商品が1つでも思いついたら、今度はそれを充実させていく方法を考えましょう。
商品を充実させるには、2つの方向性があります。

【商品を充実させるヒント】

①商品の種類を増やす
・商品を組み合わせる
・商品を分割する
②すでにある商品を深掘りする

商品を充実させる1つの方向性は、「商品の種類を増やすこと」です。

お客さんにとっては、１つしか商品がないお店より、たくさんの品ぞろえがある店のほうが楽しいので、売れる確率が高くなるのです。

まず、自分にいくつ商品があるのか、リストアップしてみましょう。このとき、面倒がらず、「販売できる可能性のあるもの」をすべて書き出してみることが大事です。

そうして、**２つ以上の商品を組み合わせることで、また新しい商品を生み出すことができます。**

すぐにできるのが、**「全部セット」**。すべての商品を「まるごとパック」にしたものがあってもいいのです。名称は、「完全プレミアムパック」「パーフェクトコース」「ゴールデンセット」「プフチナ・○○」「○○フルパッケージ」などなど、ピンとくるものをつければいいでしょう。

さらに、手っ取り早くできるのが、**「コンビネーション商品」**です。

たとえば、自分で録音した自然の環境音楽（川のせせらぎや野鳥のさえずりなど）の音声データが、売り物の１つだったとしましょう。そして、別の商品として、アロマオイルを販売していたとします。すると、この２つを組み合わせた新商品をすぐに誕生させることができます。

「こちらの環境ミュージックを聴くときは、このアロマオイルの香りをお部屋に漂わせて、リラックス空間を作ってください」

といった具合に2つを組み合わせて、「ヒーリングパック」として売り出すことができます。

組み合わせれば、商品がどんどん増えるのです。新たな商品を作ることなく、すぐに新商品としてラインナップに加えることができますし、商品の価格もアップします。

一方、**商品を分割することで、商品の種類を増やすこともできます**。

たとえば、あなたが何かに関する分厚い解説書を作って、「1冊・5000円」という価格をつけていたとします。ところが、なかなか売れません。そんなときは、バラ売りして「1章・800円」に設定すると、購入のハードルはぐ～んと下がります。

マグロをまるごと1本売るよりも、切り身のほうが、主婦には買ってもらいやすいですよね。それと同じです。

ただし、ここで終わってはいけません。

「バラで買うと10章・8000円ですが、まるごと買うと1冊・5000円。だから3000円もおトクですよ」

とひと言添えれば、「1冊・5000円」の商品のほうの販売促進にもつながり、一石二鳥です。

商品を充実させるもう１つの方向性は、「すでにある商品を深掘りすること」です。

新しい商品をゼロから作るのは、大変なエネルギーがいります。すでにある商品をブラッシュアップするほうが、グ～ンとラクなのです。作った商品を見直すということをやらない人がとても多いのですが、実はとてももったいないことです。

たとえば、５００円で販売している小冊子があったとしましょう。それに図版を入れたりイラストを挿入したり、あるいは参考になる動画のリンクを書き足したり、オススメの関連書籍を紹介したりすることで、内容がより充実します。

今までよりたくさん売れるだけでなく、価格そのものも上げられるかもしれません。

ご自身の商品を充実させたい人はぜひ、これらの方法をやりやすいものから試してみてください。

商品の種類を増やし、深掘りしよう。

値づけのコツは、「松竹梅」

商品の価格を決めるときのコツがあります。それは、**「松竹梅」の3つの価格帯を設定することです。**リーズナブルなコース、中間のまあまあのコース、いちばん高額な贅沢《ぜいたく》コース。お客さんに、選択の余地を与えるのです。

こうすると、人は真ん中を選ぶ可能性が高まります。「いちばん売れている○○コース」というコメントでもつけようものなら、はじめてのお客さんは、ほぼ間違いなくこの真ん中の商品を選ぶでしょう。

たとえばあなたが、ビジネスマナーの小冊子を作ったとします。このとき、ただ、

●絶対知っておきたいビジネスマナー小冊子　500円

と価格設定するのではなく、3通り設定し、ユーザーに選んでもらうわけです。

- 絶対知っておきたいビジネスマナー小冊子　500円
- 絶対知っておきたいビジネスマナー小冊子
話し方の解説CD（音声）つき　1400円
- 絶対知っておきたいビジネスマナー小冊子
話し方の解説CD（音声）・DVD（動画）つきパーフェクトパック　4800円

あれにしようか、それともこっちがいいか。**選択の自由、選択の楽しさ、それを提供してあげるのが、「ひとりビジネス」の値づけのコツです。**

値づけは、大変重要な要素です。1回だけのお試しコースを作るか作らないか、3回とか5回、あるいは10回などのパックを作るか、プラン24とかプラン60というコースはどうか（年間24万円、あるいは60万円を一括で払ってもらう）、VIPコースはどんな内容にするかなど、普段から、楽しみながらじっくり戦略を練りましょう。

「松竹梅」の3つの価格を設定しよう。

薄利多売をやめる

「松竹梅」の商品のことを、マーケティング用語ではそれぞれ、「バックエンド商品」「ミドルエンド商品」「フロントエンド商品」と呼びます。

【商品の価格設定】

①フロントエンド商品（梅）……低価格。まずお客様を集める入り口となる。
②ミドルエンド商品（竹）……中間価格。バックエンド商品へとつなげる橋わたし。
③バックエンド商品（松）……高額。利幅が大きいので、経営の安定につながる。

それぞれの価格は自分で決めればいいわけですが、目安は10倍、10倍。
たとえば、フロントエンド商品が３０００円だとしたら、ミドルエンド商品は３万円、バックエンド商品は30万円といった具合です。

３０００円のフロントエンド商品だけで、せっせと「ひとりビジネス」をしている人が多いのです。それでは、いつまでたっても薄利多売です。数を売らなくてはいけませんから、きつい肉体労働になってしまうのです。

最初にバックエンド商品の価格を決めると、ミドルエンド商品とフロントエンド商品の価格が自然と決まっていきます。**逆転の発想で、ゴールであるバックエンド商品の価格をいくらに設定するのかを、はじめに考えましょう。**

実は、「セルフイメージ」と商品の価格は、大きく関係しています。わかりやすく言うと、この最高金額がその人のセルフイメージを表しています。

たとえば、ワンコイン（５００円）がマックスだと思っている人は、自分の提供する商品も自分自身もそれくらいの価値だと感じています。１０００万円を提示する人は、自分が提供する商品も自分自身も、それくらいの価値があると信じています。

誰も申し込まなくてもいいから、「高額商品」を１つ設定しましょう。それが、あなたのお金に対する心のブロックを解除します。

「50万円で、動画制作&トータルアドバイスを請け負います」

「１００万円で、プライム個人コンサルをします」

「300万円のゴールデンパックを提供します」

「ちょっといくらなんでも高すぎないか?」と少し怖くなるような値段を設定するのです。すると、不思議に「ひとりビジネス」のあらゆる面がうまく回り始めるのです。

私の教え子で、とても低価格で便利屋さんをやっている男性がいました。

「伝ちゃん先生、そもそも僕のような便利屋に、そんなにお金を出さないですよ」

そう言って、彼は高額のバックエンド商品を設定することができませんでした。

そこで、私が「1000万円だ!」と、強引にバックエンド商品の価格を決めたのです。そのコースは、「365日24時間、どんなご相談にも乗ります」という内容。

「はいはい(笑)。申し込みがあったらいいですね〜」

と、彼は笑って受け流していたのですが、それがなんと! ひとりのお金持ちのおばあさんから申し込みがあったのです。

「孫が学校に行かずに、家でゲームばっかりしていて、このままでは、私は死んでも死にきれない。孫が学校に行くようになるなら、いくらでも払う」

と言うのです。便利屋の彼は、

「僕も学校に行ってなかった時期があったから、たぶん話が合うと思いますよ」

と引き受けて、しょっちゅう家に行ってその少年といっしょにゲームをして遊んでいたら……、しばらくして、少年が学校に行くようになったのです！

おばあさんはめっちゃくちゃ喜んで、ボーナスを払おうとしました。しかし、彼は、

「いやいや、とんでもない！　今だってもらいすぎですよ」

と断りました。そしたら、おばあさんは、

「あんたは、本当にイイ了だね～」

と感激してくれて、代わりにお客さんとしてお友達をふたり紹介してくれたのです。

お金持ちの友達はお金持ちなんです。これで、合計３０００万円の売り上げです。

彼がビックリしていたのは、こういう高額なものにお金を払う人って、とても良識があって、夜中の３時に電話したりしてこないという事実でした。

これは、かなり極端な例ではありますが、だまされたと思って、高額商品を作ってみましょう。あなたのお金に対する心のブロックをはずすことができ、商品と自分自身の大きな自信となるはずです！

「高額商品」を作ろう。

「ファンネル図」で、商品ラインナップを把握せよ！

「ファンネル（funnel）」とは、「漏斗《ろうと》」すなわち「じょうご」のこと。

商品設計のために、商品のラインナップをファンネル図に書いてみましょう。

まず、白い大きな紙を用意。

そこに逆三角形を描き、横線を入れて3つに区切り、上から、順番に「フロントエンド商品」「ミドルエンド商品」「バックエンド商品」と書き込んでください。

そして、3つのゾーンに、それぞれ該当する商品を書き込んでいきましょう。

フロントエンド商品のゾーンには、あなたの商品の中でいちばん低価格な商品。たとえば、ワンコイン（500円）の小冊子など。ミドルエンド商品のゾーンには、中程度の価格帯の商品。バックエンド商品のゾーンには、高額商品。

ファンネル図の下に行くにつれ、商品の価格が上がっていくというわけです。

ファンネル図で商品設計

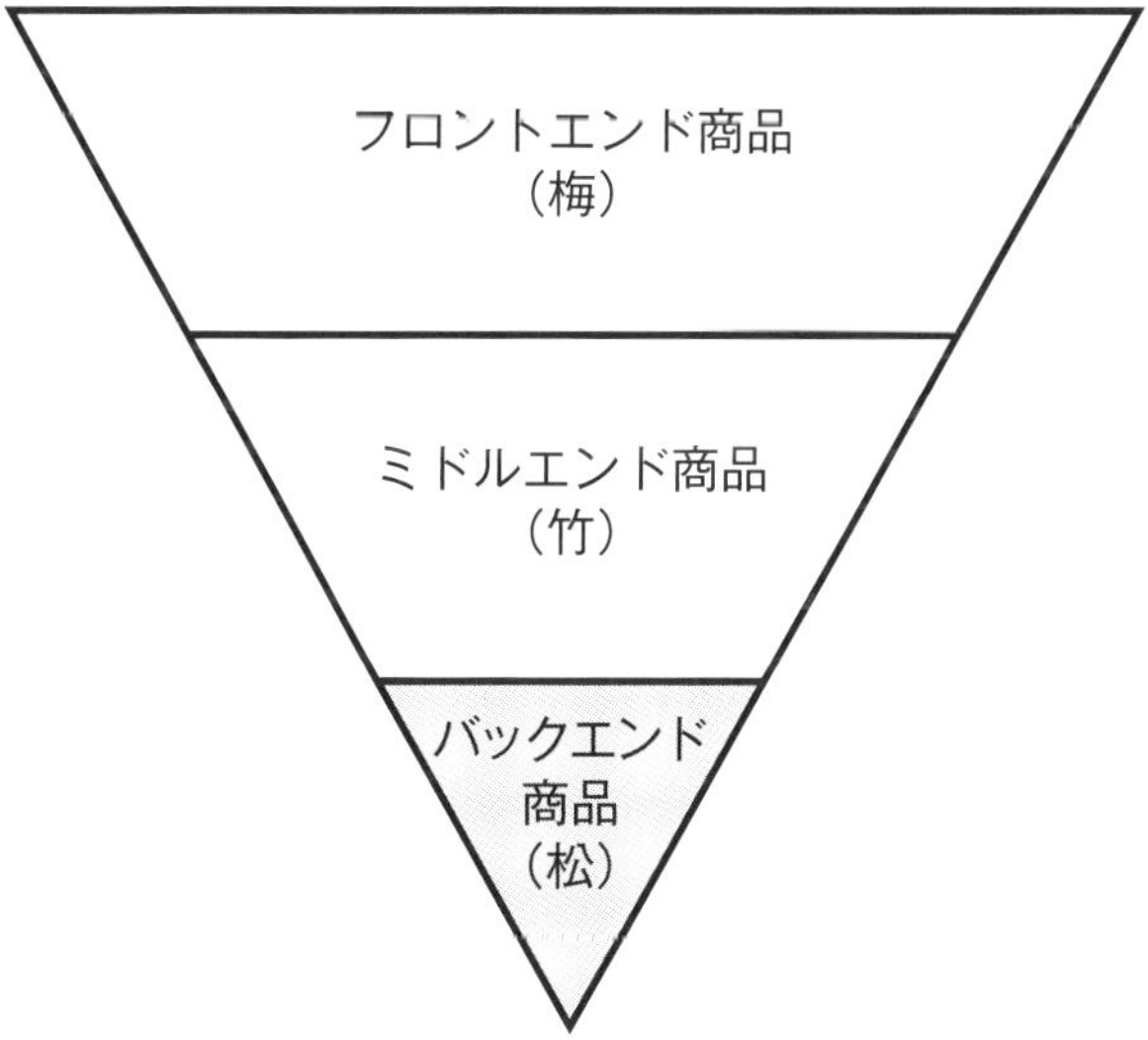

３つのゾーンに、あなたの商品を書き込んで、商品の設計をしてみよう！

このように、まずはザックリとでもいいのでファンネル図に商品のラインナップを書き出してみると、あなたの「ひとりビジネス」の全容が見えてきます。**ファンネル図は、あなたの「ひとりビジネス」の設計図です。**うまくいかない人は、この設計図がないまま、「ひとりビジネス」をしているのです。

ファンネル図は1度決めたからといって、未来永劫《えいごう》、変えていけないわけではありません。フレキシブルに変化させていっていいのです。

最初は、3つの価格帯から始めて、それを5つ、6つ……と増やしていきましょう。

「フロントとミドルの間の価格差が大きいから、間に入る新商品を開発しよう」

「このゾーンとこのゾーンの価格を変えよう」

「全部をまとめたフルパッケージを作っておこう」

など、さまざまなアイデアが思い浮かんでくるはずです。

まずは、とにもかくにもファンネル図を持たないと、「ひとりビジネス」の戦略を立てようがありません。

「ファンネル図」で商品設計をしよう。

フリー戦略は、NG！

最近、よく聞かれる質問に、こんなものがあります。

「伝ちゃん先生！　最初に無料でサービスを提供して、あとで有料にするという戦略についてどう思いますか？」

近年はスマホアプリなどに代表されるように、フリーミアム戦略（基本サービスは無料で提供し、付加機能を有料にして販売する戦略）がブームだからでしょうか？

結論から言うと、「ひとりビジネス」の場合、ほぼうまくいきません。

はじめに無料サービスをしてしまうと、なかなか有料にしにくいものです。商品の価格を下げないとお客さんが集まらないという、負のループにはまっていきます。

しかも、無料につられて集まってくる人たちは、高額商品は買いません！　注文もしません！　断言します！

公民館で無料セミナーをやったり、無料講演をしたりすると、その参加者たちは、いわゆる「クレクレ星人」に変身する確率が大です。

「ついでにあれも教えてくれ」

「詳しい解説の紙をくれ」

「あんたの携帯番号を教えてくれ」

なんでもかんでもクレクレ。「サービスは無料で当たり前」という前提の方たちとおつき合いすると、心の葛藤に苦しむことになります。

お試し価格で多少割引をするのは悪くありませんが、**「ひとりビジネス」においては無料（0円）はNG。**はじめから、ある程度の金額をつけることをオススメします。

「フリー」で大量のユーザーを囲い込むというのは、資本・資金があふれるほど潤沢にあり、長期的に黒字化できればいいと考えることのできる大企業の発想です。

「ひとりビジネス」では少額でも赤字にしない、少しでも黒字を生んでいくという考え方が必須です。そうした姿勢が、あなたを次のステージに運んでくれるのです。

無料にしない。

「心理価値」で、ライバルに差をつける

作った商品は、作りっぱなしではいけません。常に改善し、ブラッシュアップしていくことが大事です。商品のブラッシュアップを考えるうえで参考にしてほしいのが、アメリカのカリスマ経営学者、フィリップ・コトラーが唱えた**「価値の３層構造」**。

商品やサービスの価値は、次の３つの層でできているというのです。

【価値の３層構造】

①機能価値……商品やサービスの持つ基本的な機能。

②付加価値……基本的な機能とは直接関係ないけれど、差別化する部分。たとえば、色やデザイン、ブランドのロゴや素材の素晴らしさなど。

③心理価値……商品で得られる感情的なこと。優越感や安心感、満足感など。

ボールペンで言えば、「機能価値」は、ちゃんと書けるということです。「付加価値」は、ボディの素材に削り出しのアルミを使っているなど、書くこととは直接関係ない部分です。「心理価値」は、100円ショップで売られているモノと、有名ブランドのモノとでは、持っているときの満足感がまるで違いますよね。

私の生徒さんで、手芸が得意で、毛糸で人形を作っている女性がいました。でも、その人形はぜんぜん売れませんでした。そこで私は、

「付加価値や心理価値をつけないとダメだよ」

とアドバイス。

神社で祈禱《きとう》してもらって、ピンクだけでなくブルーの人形も作って、「2個セットでトイレに置いておくと、なぜか恋愛運がよくなる人形」として売り出したのです。すると、口コミでどんどん注文が入るようになりました。

モノ以外のサービスでも、同じです。

たとえば、マッサージを提供する人の場合、機能価値は、マッサージすることにな

ります。でも、それだけでは、ライバルがごまんと存在します。そこで、ほかと差別化するために、付加価値をつける必要があります。「ひとりビジネス」でマッサージを提供する場合は、自分の部屋か出張先で施術することになると思いますが、

「私の家に来てください」

とするより、

「ご自宅やホテル、あるいは会社の休憩室など、どこでも希望の場所にまいります」

とすれば、付加価値になります。さらに、

「私のマッサージはただのマッサージではなくて、ハワイの伝統的なロミロミという手法で、ＢＧＭには波の音を流しながら、ラグジュアリーな気分を味わえます」

とすれば、お客さんは大きな満足感を得られるでしょう。これが心理価値です。

よく売れていてしかも長く支持されているモノやサービスは、「３つの価値」をすべて持っています。**「ひとりビジネス」において、特に重要なのは、心理価値です。**

あなたの商品が３つの価値をすべて備えているか、確認しましょう。

商品に「3つの価値」を持たせよう。

「動画」の波に、乗り遅れるな！

「ユーチューバー」という言葉をご存知ですよね？

ユーチューバーとは、その名の通り、「ユーチューブ（YouTube）」に「動画」をアップし、それで大きな収入を得ている人たちのことです。昨今、こんな人たちが生まれていることからもわかるように、動画への注目は増す一方です。

ここで、ズバリ、断言します。

これからは、動画の時代です！

ところが、

「ユーチューブ上に動画をアップすると誰にでも見られてしまうから、有料化できないし、意味がない」

とカン違いしている人がけっこういます。

ユーチューブにアップする動画には、2種類あるのです。

まず1つは、誰でも無料で見ることができる**「一般公開」の動画**です。

PR用と割り切ったほうがいいでしょう。多くの人に話題にしてもらい、そこからあなたのサイトへ誘導する入り口です。あまりいい表現ではないですが、釣りにたとえると撒《ま》き餌《え》ですね。

もう1つは、あなたが特定のURLを教えた人だけがチェックすることができる**「限定公開」の動画**です。

これを活用することで、動画を商品の1つとして活用することができます。その代表的な例が、**「ウェビナー」**です。

すでに、アメリカではこのウェビナーが当たり前になっていますが、そもそもウェビナーという言葉は、ウェブとセミナーが合体した造語です。従来はある特定の場所（ホテルや会議室など）で、ある特定の日時に限定して実施してきたセミナーを、ウェブ上で実施する。それによって、遠方の人でも気軽にセミナーを視聴できるようになるわけです。

ウェビナーは、リアルタイムで見てもらうという方法もあれば、URLとパスワードをメールすることで、24時間いつでも自由にチェックしてもらえるようにするケースもあります。

いずれにしても、ウェビナーは、より多くの人たちにあなたのコンテンツを提供し、より多くの収入をあなたにもたらす画期的な手法です。ぜひ、研究しましょう。必ず、「ああ伝ちゃん先生の言う通り、ウェビナーについて早くから研究しておいてよかった〜！」と思う日が来ますよ。

「ひとりビジネス」で成功している人の中には、ネットビジネスにおける「プロダクトローンチ」という手法で、たった1回で数千万円以上を稼いでいる人もいます。

商品発売の数週間、数か月前から動画を活用して無料で少しずつ情報を出して、商品の購買意欲を高めていき、「商品を買わずにはいられない」という心理にさせて、発売日に爆発的に売るという販売手法です。いずれは、ローンチも研究してみましょう。

「動画」を利用した商品を作ろう。

「アフィリエイト」で、三方よし！

「ひとりビジネス」で積極的に活用したいのが、「アフィリエイト」です。

　ご存知の方も多いと思いますが、**アフィリエイトとは、ウェブ上の成功報酬型広告のこと**。ある企業や個人の商品を販売したとしたら、その企業や個人から、販売した人に報酬が支払われる仕組みです。

　たとえば、あなたが便利な家電製品を紹介するブログを書いていたとしましょう。ブログの記事の最後に、「そこで、いい商品がありますよ！」と商品を紹介する。その紹介によって、実際に商品が売れた場合に報酬が支払われるのです。

　インターネットが発達して、一般庶民にまで当たり前のように普及したからこそ生まれてきた、次世代型の収入源と言えます。「ひとりビジネス」の8つのキャッシュポイントのうちの1つは、間違いなくこのアフィリエイトです。

アフィリエイトのいいところは、相手も自分もニコニコという点。どちらか一方だけが笑って、一方が泣くということがないのがいいですね。提供する商品がよければ、お客さんもニコニコ。これぞまさしく、**三方よし**。ビジネスの極意です。

誰も泣く人がいないようなビジネス形態が理想ですよね。その意味で、本当によい商品を紹介していく必要があります。単に儲《もう》かりそうだからというだけの理由で紹介したものは、いずれ必ずボロが出るものです。

一般的には、アフィリエイトは、**「ASP（アフィリエイトサービスプロバイダー）」**と呼ばれるサービスを利用します。代表的なものに、アマゾンアソシエイトや楽天アフィリエイト、グーグルアドセンス、エーハチネット（A8.net）、バリューコマース アフィリエイト、アフィリエイトB、インフォトップ、スマホ用のネンド（nend）やスマートシー（Smart-C）などがあります。

中でも、日本最大規模なのが、エーハチネット。

登録は無料で、毎月の費用などもいっさいかからず、審査なしで、個人が誰でも報酬を受け取ることが可能です。まだ登録していないという人は、登録だけでもしてみるといいかもしれません。アフィリエイトについて、関心が高まります。

そして、今いちばん注目してほしいアフィリエイトが、スマホ・アフィリエイトです。電車の中で、あるいはカフェで、街角で……、パソコンを見ている人と、スマホをいじっている人のどちらが多いですか？　圧倒的にスマホですよね。

だからこそ、これからのアフィリエイトは、スマホを無視しては語れないのです。スマホ・アフィリをしっかり研究しましょう。

もちろん、自分が商品を作ったときも、なるべくアフィリエイトセンターに出しておくのが賢いやり方です。すると、紹介が起こるわけです。

たとえば、「私の商品を紹介してくれて、売ってくれた人には○円払います」と決めておけば、興味を持ったアフィリエイターさんたちが、どんどん紹介してくれます。

ちなみに、このアフィリエイトという言葉に、マイナスのイメージを持つ人もいるので、私は、「シェア・ボーナス」という言い方を提唱しています。どんな表現をするにせよ、アフィリエイトを活用することで、商品の販促にも大きく影響を及ぼすことができるのです。

「アフィリエイト」も活用しよう。

マダマダ人間になるな！

完璧を求めるな！　パーフェクトな仕事ができるようになってから注文を取ろうと思うと、何年たっても「ひとりビジネス」は形になりません。

たとえ未完成でもいいから、まずは自分から発信してみる。そうすることで、「こうしたらもっといいよ」というフィードバックをお客さんからもらえるのです。

これからあなたが販売していく「ひとりビジネス」の商品も、「完璧でないと、リリースしてはいけない！」というのは、単なる思い込みです。

たとえば、自分の中で商品がパーフェクトでなくても、

「みなさ～ん、今ここまでやってみました～♪」

と、「さわやかにズーズーしく」リリースしてしまっていいんです。

たとえば、動画撮影の途中で台詞《せりふ》をかんでしまったとしても、その部分を削らずに、

テイク2も両方とも流すほうが面白いし、親近感も湧くというものです。

特に、デジタル・コンテンツの世界では、「ベータ版」と言って、未完成の状態でもリリースすることが広く知られています。そして、お客さんからの意見をフィードバックしながら、よりよいモノに仕上げていく。


とにかく「ひとりビジネス」では、「完璧でなくてもいいんだ」と心得てください。

「いや〜、私なんてまだまだダメです（汗）」

と、インプット（勉強）ばかりしていてはダメ！

「パーフェクトゲーム（完全試合）を達成できる保証がなければ、登板しません」

と駄々をこねているピッチャーがいたら、滑稽ですよね。

どんどん、商品を発信しましょう！

人生そのものが、未完成の実験の連続です。完成された人間なんていません。

完成していない自分を許す。そして、未完成のものをリリースする勇気を持つ。

そのスピリットが、あなたの「ひとりビジネス」を加速させます。

未完成でも、リリースしよう。

「ひとりビジネス」では、
あなた自身が歩く広告塔。
個人のブランディングが、
とっても重要なのです！

第 2 章

パーソナル・ブランディング編

「自分ブランド」を構築しよう！

自分自身が、「歩く広告塔」

「パーソナル・ブランディング」と聞くと、何をイメージしますか？

「ブランディング」なんて言うと、芸能人だったり、大企業だったりが考えることで、自分には関係ないものと考える人も少なくないかもしれませんね。

でも、「ひとりビジネス」では、あなたがオーナーであり、代表であり、店長であり、スタッフでもあります。**あなた自身が「歩く広告塔」なのです。**だから、あなたという「たったひとり」を、しっかりブランディングする必要があるのです。


そもそも、ブランドとはいったい何でしょうか？

「ブランドとは、○○である！」

この○○の中に、どんな言葉を入れますか？

答えは、**引力**。人を磁石のように引きつける不思議な魅力、それがブランドです。たとえあなたの「ひとりビジネス」が、他人の商品を紹介するだけだったとしても、紹介するあなたに魅力がなければ、誰も買ってくれません。

車や保険を例に考えてみましょう。車を買ったり、保険に入ったりする場合、間違いなく言えるのは、それらの商品をすすめている営業パーソンをけっして嫌いではないということです。商品をすすめている「人」を買っているようなものです。

高級外車や高額保険を次から次へと契約させてしまう営業パーソンというのは、コアなファンがついていて、その方たちが次のいいお客さん（購入候補者）をどんどん紹介してくれるのです。

つまり、**個人の「魅力作り」が大切だということです**。人が心を動かされるのは、魅力があるからなのです。

だから、パーソナル・ブランディングは、やってもやらなくてもいいものではなく、絶対やり続けなければいけないものです。年を重ねるにつれて服装や身だしなみが入れ替わるように、年齢や生き方に合ったブランディングがあるのです。

自分自身を「ブランディング」しよう。

「○○と言えば、あなた！」

パーソナル・ブランディングとは、「○○と言えば、あなた！」とイメージされる何かを作ることです。


ＡＫＢ48のプロデューサーである作詞家の秋元康さんが、

「心に残る幕の内弁当というものはない！」

という名言を残しています。いかにも彼らしい、ウィットに富んだメッセージですよね。「あれもこれもといろんな商品を寄せ集めてみても、自分のブランディングはできない」ということをうまく言い当てています。


「ベルギービールと言えば、隣町の○○しかないよね」

「高級バッグと言えば、○○○○だね」

というように、「○○と言えば、あなた！」という何かを作り出すことができるかどうかが、パーソナル・ブランディングの真髄と言えます。


ボンドの有名な話があります。

「総合接着剤」という名前で売り出したのですが、売れ行きはパッとしませんでした。そこで、あえて「木工用ならコレ」「プラスチック用ならコレ」と特化したら、めちゃめちゃ売れ出したのです！

内容はほとんど同じでも、商品の名前とパッケージを変えたら劇的に売れた。そのため、ほかの業界も、どんどんこれをマネました。家庭用の掃除液体商品業界も、あえて「トイレ用」「お風呂用」「床用」「キッチン用」などと細かくセグメントしたら、すべて売れた！　ベースとなる溶剤は、ほとんど同じにもかかわらず。

「ひとりビジネス」でも「え〜っと、いろいろやってまして……エヘヘ（苦笑）」という人は、なかなかブレイクしません。「なんだかわからないけど、いろんなことをやっている不思議ちゃん……」というレッテルを貼りつけられてしまわないように、あなただけの自分ブランドを構築していきましょう。

「○○と言えば、あなた！」を見つけよう。

「自分ブランド」を構築する4つのステップ

「自分ブランド」を構築するステップとして有効なのが、**「ビジネス・ネーム」「肩書き」「ビジネス・キャッチコピー」「屋号」**を持つことです。

【ビジネス・ネーム】

ビジネス・ネームとは、仕事上で使う名前のこと。

ビジネス用の名前を持つことで、自分の気持ちも相手からの印象も変わって、これまでとは違った展開があります。プライベートと公の区別がハッキリして、オンとオフのメリハリができ、ライフスタイルにリズムが生まれます。

かくいう私の「佐藤 伝」もビジネス・ネームです。それまでは、「佐藤さん」と呼ばれていましたが、このビジネス・ネームにしたとたん、「佐藤さん」と呼ぶ人は誰もいなくなり、「伝ちゃん」と呼んでくれるようになりました。

早い段階でいいビジネス・ネームを持つこと、その重要性を理解し、思い切ってそれを使っていくことは、「ひとりビジネス」の成功に大きくかかわってきます。

よくないのは、ビジネス・ネームを使ったり使わなかったりという、中途半場な行為です。ビジネス・ネームに一本化できないのは、自信のなさの表れです。名前がブレていれば、自然と仕事内容もブレてしまいます。

ビジネス・ネームをつけるときのコツは、姓と名のどちらかだけを変えること。全部変えるのは違和感が大きくて、なんだか自分じゃないような気持ちになりがちです。姓はそのままにして、名前を変えるのがオススメです。というのも、人の気持ちは名前に引っ張られることが多いからです。

幼いころから親に怒られてばっかりだった一郎さんが、「ひとりビジネス」を始めたとしましょう。ところが、本名のままだと、「こらぁ！　一郎！」「ほんとに一郎はダメなんだから！」などと怒られて、非難されてばかりだった今までの過去を引きずってしまって、なかなか自信が持てないのです。でも、たとえばビジネス・ネームを「翔」という名前にしたら、もう「一郎」じゃなくなるのです。

その名前のイメージに引っ張られて、不思議な自信と行動力がついてくるものです。

〔例〕山田一郎さんのケース

●ケース1 姓はそのままで、下の名前だけを変える
山田 翔

●ケース2 姓だけを変えて、下の名前は変えない
窓 一郎

●ケース3 姓も名前も、どちらも変える
和久井 湧

●ケース4 カタカナを入れる
カール大盛 キャプテン三太 ガッツ・ヤマダ

●ケース5 アルファベットを使う
AKIRA SAM NIJIMARU RIKA

【肩書き】

あなたの「ひとりビジネス」をひと言でズバリ言い表せる、肩書きがあると便利です。肩書きは、自分でつけてOK！ 自分の肩書きを決めたら、遠慮せずに名刺やプ

ロフィール・シート、手紙やメールなど、あらゆるところに露出していくのです。

私のセミナーやイベントによく参加してくれていたスッキリ・ラボ代表の小松易《こまつやすし》さんは、無名だったころ、「日本でたったひとりのかたづけ士」という肩書きを入れて名刺を作りました。偶然、その作りたての名刺を渡した人が、テレビ局のプロデューサーだったことから、急遽《きゅうきょ》、テレビ番組「ガイアの夜明け」に出演することになり、それがきっかけで大ブレイクを果たしました。

また、つらい過去を活《い》かし活躍している女性・関根里佳子さん。彼女は3度の親の離婚、継母のいじめ、父の暴力、祖母の自殺未遂、父の経営する会社の倒産・夜逃げなど、幼少から壮絶な人生を歩んできました。自身の経験を活かし、「ひとりビジネス」で心理カウンセラーを始めましたが、当初は「学ぶブログ」というブログを書いていて、何がしたいかまったく伝わりませんでした。そこで、「パワハラうつ専門心理カウンセラー」と肩書きをつけ、プロフィールに半生を正直に記載したら、多くの女性の共感を得て、一気に売り上げが伸びました。http://profile.ameba.jp/mon-brand/

ちなみに、私の肩書きは【ひとりビジネス習慣の専門家】。メールの最後はいつも「【ひとりビジネス習慣の専門家】佐藤伝」となっています。

あなたにぴったりの肩書きを決めて、どんどんアピールしていきましょう。

〔例〕

- ◯◯の専門家　山田 翔
- ◯◯を解決する◯◯コンサルタント　古里かおり
- 日本初の◯◯師　J－N
- ◯◯のエキスパート　大井太助
- ◯◯のための◯◯コーチング　鈴木サブロー

【ビジネス・キャッチコピー】

ブランドのキャッチコピーがいいと、大ヒットにつながります。

ホンダであれば「The Power of Dreams」、日立であれば「Inspire the Next」といった具合に、ＣＭなどでは、その会社のスピリットを象徴するキャッチコピーを必ずセットでくっつけますよね。

同じように、「ひとりビジネス」でも、ビジネス・ネームや肩書きといっしょに使う「自分ブランド」のビジネス・キャッチコピーを作りましょう。

ビジネス・キャッチコピーは、わかりやすくて、覚えやすいものにすること。相手の印象にも残りやすくなりますし、あなたのミッション（使命）やビジョン（志）をわかりやすく伝えるのに役立ちます。

ちなみに、私のビジネス・キャッチコピーは、「人生は、習慣で変わる！」です。女性を美しくする専門家なら、「美人は作れる！」なんていうのもいいですね。

ビジネス・キャッチコピーを作るときは、優れたキャッチコピーをまとめた本が書店にたくさん並んでいるので、それらを参考にするといいでしょう。

〔例〕

- 「夢を形にするお手伝い」
- 「もう人間関係で悩まない！」
- 「最強の家計診断とは？」
- 「情報デトックスと言えば……」

【屋号】

「ひとりビジネス」では、屋号がとても重要です。

法人の登録をしていない場合の「ひとりビジネス」実践者は個人事業主ですから、会社名がありません。原則として、個人名でビジネスをしていくことになります。

そこで、会社員の方が「四菱商事の小川めぐみです」と挨拶するように、屋号をつけて「○○の小川めぐみです」といったパーソナル・ブランディングをしていくわけです。屋号は、信頼性を上げるための一手段としてとらえましょう。

屋号を決めるときは、「ひとりビジネス」の仕事内容と関連性を持たせるのがオススメです。仕事への想《おも》いや意味、ミッションをこめるといいでしょう。

ちなみに、私の屋号は「行動習慣・研究所」です。

ここで、1ついいネタを教えましょう。屋号に「研究所」という言葉を入れると、ネットの検索エンジン対策で効果を発揮します。「研究所であれば公に、何かしらメリットのある活動をしているはずだ」という判断を、サーチエンジンのアルゴリズム巡回ロボットが下すからです。とっておきの小ネタです（笑）。

〔例〕

- 「○○研究所」
- 「○○スタジオ」

- 「アトリエ○○」
- 「○○ラボ」
- 「○○協会」
- 「○○商店」
- 「○○本舗」
- 「○○庵」
- 「○○アカデミー」
- 「○○の森」「○○の里」
- 「オフィス○○」
- 「チーム○○」
- 「○○プロジェクト」
- 「○○企画」
- 「○○処」
- 「○○屋」

「ビジネス・ネーム」「肩書き」「ビジネス・キャッチコピー」「屋号」を決めよう。

「プロフィール写真」で、イメージアップ！

ビジネス・ネーム、肩書き、キャッチコピー、屋号を決めたら、次は写真を撮りましょう。「恥ずかしい」なんて言っていてはダメです！　「ひとりビジネス」を実践することは、過去の自分を超えていく冒険と実験の旅なのですから。

「プロフィール写真」は、最低２種類が必要です。

【プロフィール写真】

①フォーマルな写真……カチッとしたオフィシャル感があるもの。

②カジュアルな写真……普段のあなたをよく表しているラフな感じのもの。

どんな人も、ソフトな部分とハードな部分、２面性を持っているものです。カチッと正装したときとラフな服装のときって、ずいぶんイメージが違いますよね。自分の2つの面を見せられるよう、フォーマルな写真とカジュアルな写真を用意しましょう。

特に男性は、プロフィール写真というと、真正面を向いたスーツ姿になりがちですが、どうしても堅苦しい感じがして、お客さんは気軽に問い合わせしにくいものです。それに、真正面のスーツ姿の写真だけでは、その人のほんの1面しか表現できません。また、カウンセラー業の方も、黒のフォーマルスーツ姿などのカチッとした写真は、あまり使わないほうがいいですね。お客さんが「なんか怒られそう、ちょっと怖いな」って思っちゃうでしょう？　やっぱり、前面に出すのは、柔らかくてニッコリしている写真がいいわけです。

どちらが好きか、見る人によって好みは異なりますし、プロフィール写真を使用するシーンや職種によっても、使い分けたほうがいいのです。

私の生徒で、プロフィール写真を変えただけで、30万円近いサービスを毎週2件くらいコンスタントに成約している女性がいます。それほど、写真の力は大きいのです。

理想を言えば、服装は、カチッとしたフォーマルなものとカジュアルで親しみやすいラフなものの2パターン。さらに、表情も、それぞれ真面目な顔と笑顔の2パターン。計4パターンの写真を用意しておけば、バッチリです。フォーマルな写真はスタジオの中で、カジュアルな写真は緑の多い公園など野外で撮影するのもオススメです。**撮影するときは、プロのカメラマンに撮ってもらいましょう。**その写真をずっと使えるのですから、けっして高くなどありません。500枚くらい撮ってもらうと、その中から「これだっ！」といういわゆる「奇跡の1枚」がゲットできるのです（笑）。

身内や親しい人に撮ってもらうのもいいですね。緊張感がほぐれるために、柔らかい表情のいい写真が撮れます。

姿勢は、カメラに正対せず、心臓側をややカメラに向けるように立ってみてください。人によっては、座ったほうが筋肉の緊張が取れ、いい表情になることもあります。

撮影が終わったら、**写真は必ず加工・修正をすること。**全体に明るく鮮やかに、部分的にはシミやシワ、ホウレイ線を若干修正します。特に大事なのは、目。瞳に輝きを入れるように、レタッチします。週刊誌の表紙を飾る女性の瞳をよ〜く観察してみてください。目の中に、星形の白いマークが入っていることが多いはずです。

プロフィール写真は、ブログやフェイスブックはもちろん、名刺やプロフィール・シート、ホームページなど、さまざまなシーンで活用していきましょう。

「2種類の写真」を撮ろう。

「個人名刺」と「プロフィール・シート」を持て！

ベストセラー『レバレッジ』シリーズで知られるハワイ在住の本田直之さんと著者会で会ったときに、**「キャリアアップをはかるよりも、プロフィールアップをはかるべき！」**と、強く主張されていました。私も、まったく同感です。

人は自分に箔《はく》をつけ、世間の信頼を手っ取り早く獲得するために、大学院に入ったり、MBAを取ろうとしたり、留学したり転職したりしようとしがちです。

でも、「ひとりビジネス」においては、そんなことにお金と時間とエネルギーを注ぐよりも、もっといい方法があります。それは、プロフィールアップ、つまり、**「個人名刺」と「プロフィール・シート」を作って、ブラッシュアップすることです。**

「ひとりビジネス」では、個人名刺とプロフィール・シートの占めるポジションはきわめて重要です。3か月に1回見直すくらいの気合いを入れてください。

【個人名刺】

勤め先のものではなく、もちろん「ひとりビジネス」専用のものです。

個人名刺を作るときのポイントは、次の10個。

①紙質にこだわる（名刺にはお金をかけましょう！）
②モノクロではなく、カラーにする
③表と裏をどちらも使う
④ビジネス・キャッチコピーを入れる
⑤肩書きを入れる
⑥ビジネス・ネームを入れる（ふりがな、またはローマ字を添える）
⑦プロフィール写真を入れる
⑧ロゴマークを入れる
⑨「なんと呼んでほしいか」を入れる
⑩メールアドレスは、大きく読みやすいフォントで入れる

個人名刺の作り方

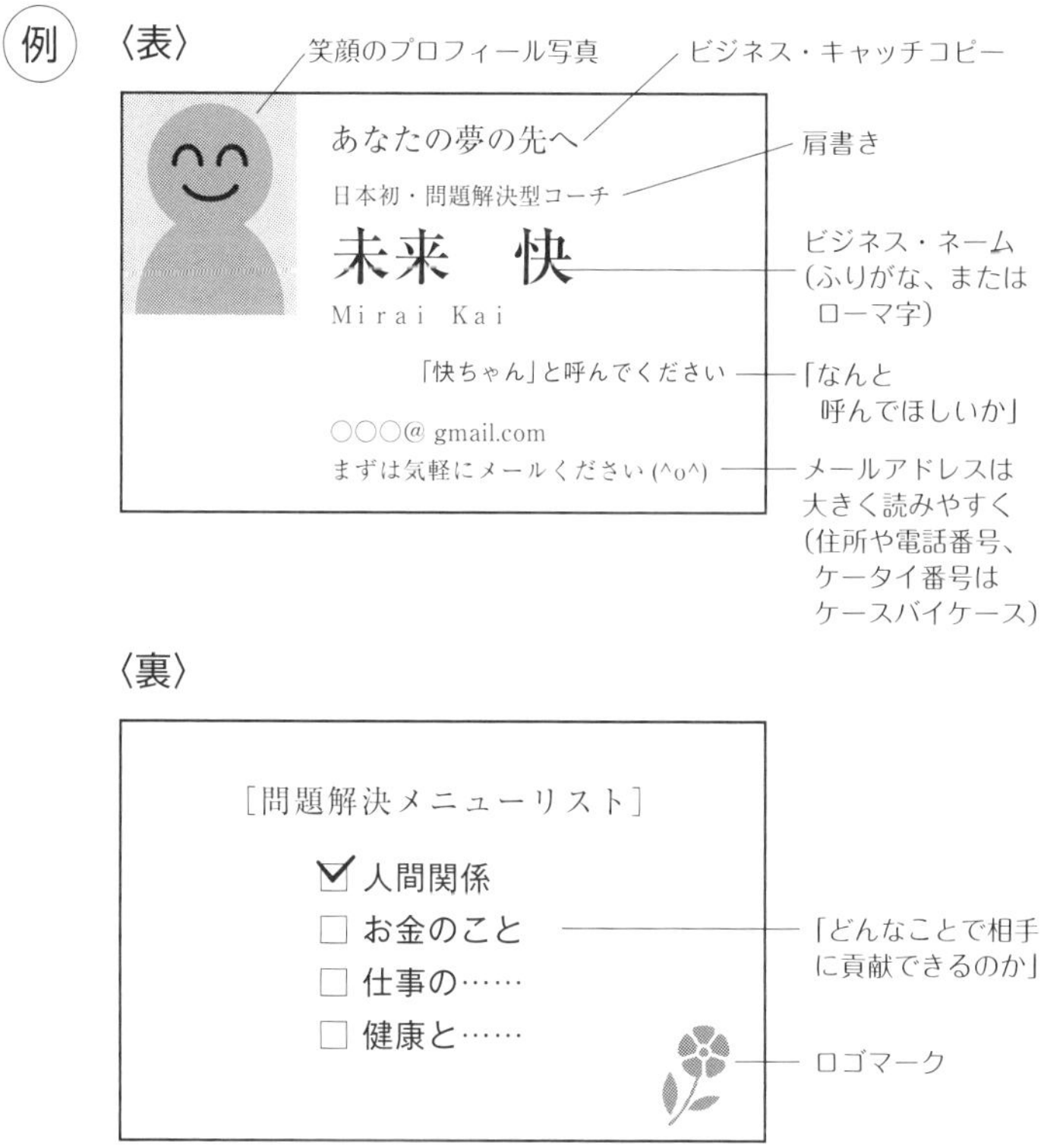

★紙質にこだわる
★カラーにする
★写真やワンポイントのロゴマークを使ってアクセントをつける

表面には、ビジネス・キャッチコピー、肩書き、ビジネス・ネームの3つを必ず入れるのがお約束です。

プロフィール写真を出すことも、とても重要。自分の写真を出せることは、セルフイメージの高さのバロメーター。写真を出せないようでは、「ひとりビジネス」は成功しません。自分が大好きでないと、「ひとりビジネス」はうまくいかないのです。

さらに、「気軽に◯◯と呼んでください！」など、「なんと呼んでほしいか」も入れるといいでしょう。

メールアドレスは、必ず記載しましょう。住所よりも電話番号よりも、とにかくメルアドです。ポイントは、大きく読みやすいフォントで書くこと。デザインを重視するあまり、拡大鏡でチェックが必要な小さな字で記載しては本末転倒です。

住所（屋号）や電話番号を記載するかどうかは、ケースバイケースです。特に女性は、自宅の住所を記載するのはやめておいたほうがベター。記載するならシェアオフィスやバーチャル・オフィス（詳しくは200ページ）にしましょう。

裏面を最大限に活用することも、ポイントです。裏面には、「自分はどんなことで相手に貢献できるのか」も記載しましょう。「私は、こんなお手伝いができます」ということをリストにしておくのもいいですね。チェックボックスをつけて、「あなたはどれを選びますか？」などと書いておくだけで、興味を持ってもらえる可能性がグンと上がります。

たとえば、「迷ったときの◯◯流タロット占い」などと記載しておけば、「やってもらえますか？」と、相手の次のアクションにつながるかもしれません。

どこかにワンポイントのロゴマークを入れ、アクセントをつけるのもオススメです。

「えっ、これってなんですか？」と、質問が出るような名刺が優れたいい名刺です。

昔、名俳優の高倉健さんに名刺をいただいたら、裏は真っ白で、表に漢字で「高倉健」とだけ書いてあり、ビックリしました。

彼のように自分ブランドがすでにでき上がっている人なら、姓名だけでほかにはいっさい情報を載せないというのも理解できます。でも、これから「ひとりビジネス」をどんどん成長させていこうとしている人が、マネージャーのついている俳優や何人もの秘書をかかえる政治家にありがちなシンプルな名刺を模倣すべきではありません。

名刺の大きさは、ノーマルな名刺サイズでＯＫ。裏表では情報を伝え切れない場合は、２つ折りタイプなどの変形名刺がオススメです。

２つ折り名刺は、４つの面を持っていますから、メールアドレスなどを大きく表示できますし、イチ押し商品のことまでも表記することが可能です。

【プロフィール・シート】

プロフィール・シートとは、あなたのプロフィールをはじめ、提供する商品などを掲載するパンフレットです。別名「自分のトリセツ（取り扱い説明書）」。

プロフィール・シートには、ミッション（詳しくは第８章）**を必ず載せましょう。**

儲《もう》けやお金の先にあるもの、目指すものを記載し、「なぜこのひとりビジネスをやっているのか」を明確にします。すると、自分自身のセルフイメージもアップするし、プロフィール・シートを見た人が、「応援してあげたい」と感じるものです。

プロフィール・シートを作るときには、履歴書のようにならないように気をつけましょう。いくらプロフィールを掲載するとはいえ、

「○○年に××学校卒業。その後、株式会社○○に入社……」

などと読まされて、ワクワクする人がいったいどれだけいるでしょうか？

「いったいどんな有益な情報を提供してくれる人なのか？」

「どんなお手伝いをしてもらえるのか？」

「この人に仕事を依頼したらなんだか楽しそうだ。もっと話を聞いてみたい」

こういったことが伝わってこなければいけません。

プロフィール・シートの作り方

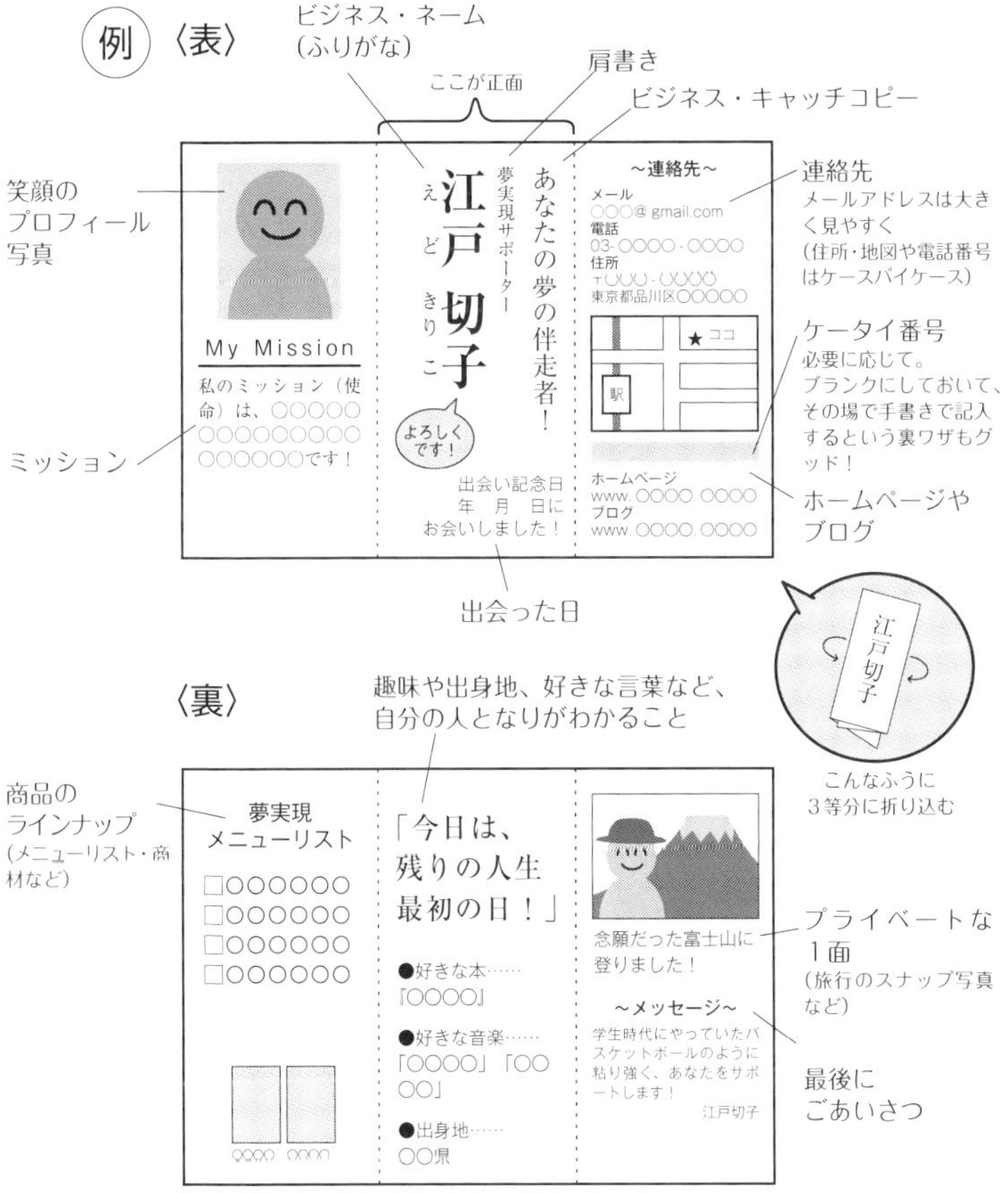

★Ａ４サイズの用紙を３つ折りにする。
（印刷屋さんに注文するときは「巻き３つ折りで」とオーダーします）

趣味や出身地は、ぜひ書きましょう。**自分の人となりがわかるようにするのがコツ。**

一方、書かないほうがいい項目もあります。

たとえば、場合によっては、過去の職歴や特定の政治団体や宗教団体に所属していたことなどを記載すると、余計な誤解が生まれたりします。地域によっては、「プロ野球○○球団の大ファン」と書いたことが大きなマイナスになることもあります（汗）。

シートの大きさは、A４サイズの用紙を３つ折りにするのがベスト。すると、６面に情報を掲載できます。特に強調したいキーワードは、太字やカラーにすることです。

名刺交換のシーンでは、まず名刺で興味を持ってもらい、相手から、

「もっと知りたいです」

「何か資料をください」

という言葉を引き出してから、

「こちらに詳しく書いてあるので、どうぞ！」

と、時間差でプロフィール・シートを渡すのが理想です。名刺といっしょに渡すと、売り込み感たっぷりの営業マンみたいになってしまいます（笑）。

キャリアアップより、プロフィールアップをはかれ！

自分ブランドを極めるコツ

パーソナル・ブランディングとは、「○○と言えば、あなた！」を作ること。この○○に当たる項目が多くなればなるほど、自分ブランドはより多面的に確立されていきます。パーソナル・ブランディングの上級のテクニックを紹介します。

【イメージカラー】

美しいオレンジ色のバッグを見たらエルメスを連想しますし、品のある水色の小箱を見たらなんとなくティファニーを連想しますよね。「色なんてなんでもいいや」とバラバラにせず、統一感を出していくことは、パーソナル・ブランディングにおいてとても重要です。**「○○色は、あなたっぽい」と思われるよう、あなたのブランドの「イメージカラー」を決めましょう。**

色を決めたら、ホームページや名刺、セミナーのリーフレットやちょっとしたプレゼント、あるいは小物などにも、できるかぎり使用します。

ちなみに、私のブランドのイメージカラーはライム・グリーン。公式サイトを見てもらえればわかりますが、あちこちにさりげなくライム・グリーンを配しています。

【ロゴマーク&サイン】

「ロゴマーク」や「サイン」も、自分ブランドを構築するのに有効です。

まだ作っていないのなら、**ロゴマークは、プロに作ってもらうのがベターです。サインは、漢字バージョンとアルファベットバージョンの2種類を考えましょう。**

「サインなんて、芸能人じゃないんだから、なんだか気恥ずかしい」

そう感じるかもしれません。それでも作りましょう。作って練習しておけば、いつかそれを使う日が来ます。

たとえば、たった1枚のなにげないお手紙でさえ、最初にロゴマークがあって、最後には手書きの直筆サインが書かれているだけで、印象が変わってくるものです。

サインをするときは、そこにひと言添えるといいでしょう。「あて名+ショートメッセージ+オリジナルサイン」というパターンです。サインだけでなく、ショートメッセージもあらかじめ考えておきましょう。

ちなみに、私は、

「魂の友○○さん恵存　一寸先は光　佐藤伝」

という型で、サインをしています。もちろん、真心をこめて。

【自己紹介動画】

さらなるパーソナル・ブランディングのために、制作してもらいたいもの。それは、ムービーです。といっても、長編映画ではありません。**あなたを表現する3分以内の短い「自己紹介動画」**です。18秒程度のショートバージョンと、3分程度のロングバージョンの2本を撮るといいでしょう。

「ひとりビジネス」では、自己紹介がきわめて重要です。この自己紹介が魅力的なほど、仕事が舞い込みます。逆に、自己紹介がイマイチだと、トホホな結果になります。

ためしに、自己紹介動画をスマホで撮影し、チェックしてみましょう。「キョロキョロしている」「首をやたらと振っている」「ニヤけているように見える」など、修正点がどんどん浮き彫りになります。家族や友人に批評してもらうと、グッドです。

話す内容は、自慢話にならないことです。人が共感してくれるのは成功体験よりも、むしろ失敗体験です。実は病弱だったとか、若いころは引きこもっていたとか、リストラにあいましたなど、たくさんのつらい経験をして今があるということを正直に語ったほうが共感してもらえます。

また、いちばん大事なことは、ビジョンを語ることです。エゴまる出しの夢ではなく、社会に貢献するビジョンを、誠意を持ってあなたの言葉で語ってください。

動画を作るときは、最初から完璧なものにしようと思わないことです。ざっくり作ってから、手直ししていけばいいのです。ＢＧＭを入れたり、イラストや座右の銘を挿入したりして、あなたらしいオリジナルの自己紹介動画にしてみてください。

作ったらサクッとユーチューブ（ＹｏｕＴｕｂｅ）にアップして、いろんな人に見てもらえるようにしましょう。

個人名刺やプロフィール・シートはパーソナル・ブランディングのためのアナログツールで、自己紹介動画はデジタルツール。右脳（アナログ）と左脳（デジタル）のように、両方あることで、より効率的に、多くの人にあなたの魅力を伝えられます。

「イメージカラー」「ロゴマーク＆サイン」「自己紹介動画」を作ろう。

「ビジネス小物」にこだわる

「ひとりビジネス」では、立ち居振る舞いやファッション、視線の動き、声の抑揚、立ち姿、歩き方など、「他人からどう見えているか」という客観的な視点が重要です。

「人は、外見なんて関係ない！　人間、大事なのは中身だ！」
と言い張る人がたまにいますが、パジャマ姿で打ち合わせにやってきた相手に、大事な案件を任せられますか？　「ひとりビジネス」がうまくいっている人は、外見もスタイリッシュに洗練されているものです。

まずは、手始めにクローゼットの中の洋服の「色」に着目してみましょう。同じ色の服ばかり、ハンガーにかかっていませんか？

ある友人に、服のコレクションを見せてもらったことがありました。すると、見事なまでに茶色ばっかり。その後、彼は生まれてはじめて白パンツや白ジャケットに挑戦。周囲も自分もビックリするほど、見事なイメージチェンジに成功ました。

手っ取り早く、イメージをガラッと変えるには、着ている服の色を変えることです。できれば、売りたい心理が作用してしまうお店の人より、スタイリストさんやカラーの専門家にアドバイスをもらい、「似合う色」を見つけたほうが間違いないですね。

バッグや筆記用具など、ちょっとした「ビジネス小物」にも気を配りましょう。

１００円ショップで買ったボロボロのメモ帳に、景品でもらったチープなボールペンでメモしていたとしたら、相手や同席した人たちは、

「本当にこの人と仕事していいんだろうか……」

直感的に、そう感じてしまいます。

何も、高級なモノだけを集めろというのではないのです。「愛着を持って大事に使える、あなたらしいモノを身の回りに置きましょう」ということです。

安物をたくさん持つよりも、数を絞って「質のいいもの」を持ちましょう。量より質です！

「似合う色」「質のいいもの」を身に着けよう。

「生き方」がブランドになる

自分ブランドは、１日で突如でき上がるものではありません。

日ごろの自分の生きる姿勢、「ライフスタイル」そのものが、自分ブランドを形成していきます。服装、態度、言葉遣い、立ち居振る舞いから、ちょっとした持ち物まで、あらゆることが、自分ブランドを形作っていくのです。

「このやろう！　てめえ〜」という汚い言葉を使っている人は、そういうブランドを着実に膨らませていきます。ぐ〜たらなら、ぐ〜たらブランドが、約束をたがえないなら、信頼ブランドが形成されていくのです。

自分ブランドとは、「生き方」そのものです。

この話をしたら、「ひとりビジネス」をしているＫさんから次の質問がありました。

「伝ちゃん先生、私はたしかにひとりビジネスをしています。でも、私がやっているのは、小さな街の電気屋なんです。ライフスタイルとか、ブランディングって言われても、なんだか正直ピンとこないんです。だって、家電製品はもうでき上がっているモノで、それを納品するだけですから」

Ｋさんの疑問は、もっともかもしれません。でも、単に商品を右から左へと納品するだけでは、ワンストップの巨大ｅコマース市場（アマゾンや楽天など）に飲み込まれて負けてしまいます。

「ひとりビジネス」のよいところは、自分のライフスタイルそのものを商品に結びつけることが可能である点です。

Ｋさんの場合なら、自分のショップで扱っている主力の家電商品を実際自分で試し、「私は、この○○という家電製品を、自分の日常生活でこんなふうに工夫し活用して、より快適な生活を満喫しています！」

というように、発信していけばいいのです。写真や動画を織り交ぜながら、思いもよらなかった家電製品のユニークな活用法や、アッと驚くマル秘活用法などを、Ｋさんの目線でユーザーにお伝えする。そうして発信していくプロセスを通して、Ｋさん独自の自分ブランドを徐々に確立していけばいいのです。

Kさんには、少し厳しい助言もしました。

「街の電気屋さんだけのキャリアでは、いずれジリ貧になります。収入も、10倍、100倍にはならないでしょう。今こそ、9マスメモを使って、8つのキャッシュポイントのうち、残り7つを本気で構築するときです！」

Kさん曰く、

「え〜、残り7つですか！　副業は薄々考えてはいましたが、残り7つとは驚きです。なんだか、ビックリを通り越して、かえってワクワクしてきますね（笑）」


あなたも、もしかしたら自分ブランドには、若干の抵抗があるかもしれません。

自分をブランディングするのが怖い人は、

「自然体がいちばん！　自分はナチュラル派さ！」

というお決まりの逃げ口上で、自分ブランドの構築としっかり向き合いません。

「自分にはまだまだ関係ないかな」と感じているパーソナル・ブランディングに真剣に取り組むことで、「ひとりビジネス」の残りの分野の構造も変革されていくのです。

「ライフスタイル」を商品に結びつけよう。

インターネットが発達したからこそ、
個人が自由に発信して、「ひとりビジネス」が
できるようになりました！
ウェブを活用して、
楽しみながら、システムを
作っていきましょう！

第 3 章

ウェブ＆システム編

必須！
「インターネット」
活用術

「デジタルツール」を活用せよ！

「ひとりビジネス」には、自分が発信する場所「自分メディア」を持つことが欠かせません。 ネット上で何かを販売する場合はもちろん、そうでない人も、パーソナル・ブランディングの一環として、自分メディアは必ず持つようにしましょう。

インターネット上の自分メディアは、大きく次の８つに分けられます。

【自分メディア】

①ホームページ
②ブログ
③メールマガジン（一斉配信）とステップメール
④動画

⑤フェイスブック
⑥ツイッター
⑦ラインアット（LINE@）
⑧その他のSNS(グーグルプラスやインスタグラム、タンブラーなど)

特に①～⑥は今、「ひとりビジネス」をするうえでは必須。⑦の情報発信やビジネスに使えるライン（LINE）のサービス「ラインアット（LINE@）」も大きな可能性を秘めており、注目です。

いずれのメディアでも、

「ここまでの情報を、無料で教えちゃってほんとにいいの？」

というくらいの価値ある情報を発信していくことが重要です。

「子どもの相手をして遊んだ。大変だった」

「うちのペットはこんなにかわいい。どうだ！」

「今晩の外食はこれ。おいしそうでしょ？」

という程度の発信では、いつまでたってもブランド力はつきません。

もちろん、日常をたまにチラッと見せることで、親近感を持ってもらうということはあっていいと思います。でも「ひとりビジネス」実践者にとっての自分メディアは、「自分が好きなもの」を発信する場所ではなく、「みなさんのお役に立つ情報」を発信する場所なのです。そうでなければ、ただのぼやきか自慢にすぎません。

何を発信していいかわからないという人は、次の公式を参考にしてください。

自分メディアでの発信　＝　お役に立つ記事　＋　自分の気持ち・素直な感情

つまり、クールなお役立ち情報と、ホットな自分の思い。「事実プラス感情」という2本立てで書くことを意識するのです。たとえ短くてもいいので、

「おお～、助かった！　これは役立つね。ありがとう！」

と言われる情報と、付随する自分の素直な気持ちをダブルで表現する。そうすることで、単なる無機質の情報がイキイキとした有機的情報に変化します。

さらに、それらを集めて合体すると、立派な商品としてのコンテンツがいつの間にかでき上がるというわけです。

「自分メディア」でお役立ち情報を発信しよう。

「ホームページ」が「ひとりビジネス」のベースキャンプ

「ひとりビジネス」では、自分の「ホームページ」を持つことが必須です。

ホームページは、いわば自分のお店であり、会社そのもの。自分の発信基地です。

ホームページというベースキャンプに、あらゆる情報・商品を集めることが可能です。

ホームページなしで「ひとりビジネス」をしようとするのは、武器なしで戦おうとしているようなもの。ホームページのないホームレス状態では、いつまでたっても地に足のついた「ひとりビジネス」ができません。

自分のホームページを作るには、一般的に**「レンタル・サーバー」**と**「ドメイン」**(http://www.○○○.com など、http://www. 以下に当たる部分）が必要です。

ホームページを持つことは、家を建てることと同じです。

●レンタル・サーバーを借りること　＝　家を建てるための土地を借りること
●ドメインを取ること　＝　自分の住所を決めること

レンタル・サーバーを借りて、自分のホームページを作成し、誰もが訪れることができるように、ドメインを公開する。これだけで、あなたの家は完成です。

自分で有料のレンタル・サーバーを契約して、独自ドメインを取得すると、年間で数千円程度の費用がかかります（.com、.jp など、取得するドメインの種類によって料金は若干異なります）。

一方、費用をかけずにできる「ホームページ作成サービス」もあります。サイト上に広告が表示されるケースがありますが、専門的な技術や知識がなくても、まったく無料でホームページやネットショップが簡単に作れます（ただし、これらのサービスを利用する場合は、運営会社から提供されるサーバーやドメインを借りて作成することになるため、どんなにアクセス数が増えても、実質的には自分所有のサイトにはなりません）。

まずお金をかけずに自分のホームページを持ってみたいというときは、次のホームページ作成サービスやネットショップ作成サービスをチェックしてみてください。

このとき、ホームページには絶対にショッピングカートを取りつけること。**「ひとりビジネス」では、ホームページがネットショップを兼ねていることが絶対条件です。**

●ウィックスドットコム（Wix.com）……世界中で6000万人が利用している無料のホームページ作成サービス。日本語に対応しているのがうれしいですね。

●ジンドゥー（Jimdo）……ドイツのホームページ作成の専門集団が作り上げたスキルを、日本の大手・KDDIがライセンス契約して公開しているホームページ作成サービス。誰でも無料で簡単に、自分のホームページを作ることができます。

●ベイス（BASE）……ネットショップの作成が、テンプレートを使って簡単にできます。ホームページにリンクを張って使うといいでしょう。

●スパイク（SPIKE）……決済サービスは、スパイクを研究してみてください。

また、サイトマップやワイヤーフレームを作るのにとても役立つツールが、カクー（Cacoo）です。さらに、ウェブデザイナーの方たちが、サイトを作るにあたって参考にしているのが、いけてるサイトドットコム（ikesai.com）。カテゴリー別にクールなホームページをまとめてあります。ぜひチェックしてみてください。

なお、これからホームページを作るなら、スマートフォンに対応するようにしてください。スマホを重要視する考え方を、**「モバイル・ファースト」**と言います。

すでに自分のサイトをお持ちの方は、スマホでもちゃんと見えているかどうかをチェックしましょう。友人にも協力してもらいながら、アンドロイドやｉＰｈｏｎｅなど、できるだけ多くの機種のスマホやタブレットで、見え方をチェックするのです。もし対応していなければ、全面リニューアルも視野に入れましょう。

スマホやタブレット、パソコンなど、あらゆるデバイスに対応する制作手法を「レスポンシブ・ウェブデザイン」と言います。サイトを見る人が持っている機器に、勝手に対応して自動的にウェブデザインが変化する画期的手法です。この手法でホームページを作ると、どんなデバイスで見てもレイアウトが崩れることなくバッチリです。ホームページを業者に発注する際は、この用語を使ってオーダーしてみてください。

自分の「ホームページ」を持とう。

ウェブサイト「Fの法則」

よいホームページは、文章と画像と動画、3つの構成要素から成り立っています。

これら3つのバランスが絶妙で、しかもそれぞれがとても魅力的であれば、そんなサイトをユーザーが放っておくはずがありません。

ウェブサイトを見るとき、人間は知らずしらずのうちに視線をある一定方向に動かしていることがわかっています。この視線移動の法則は、**「Fの法則」**と言われます。あるページがあったとしたら、まず左上から始まって、そのまま右方向へササッと移動し、次に左上からそのまま下方向へザッと降りていき、さらに右方向へ移動します。視線がアルファベットのFの文字を描くように、移動していくのです。

この2つのラインが交わっている箇所、すなわち左上が重要です。**左上に、インパ**

Ｆの法則（視線移動の法則）

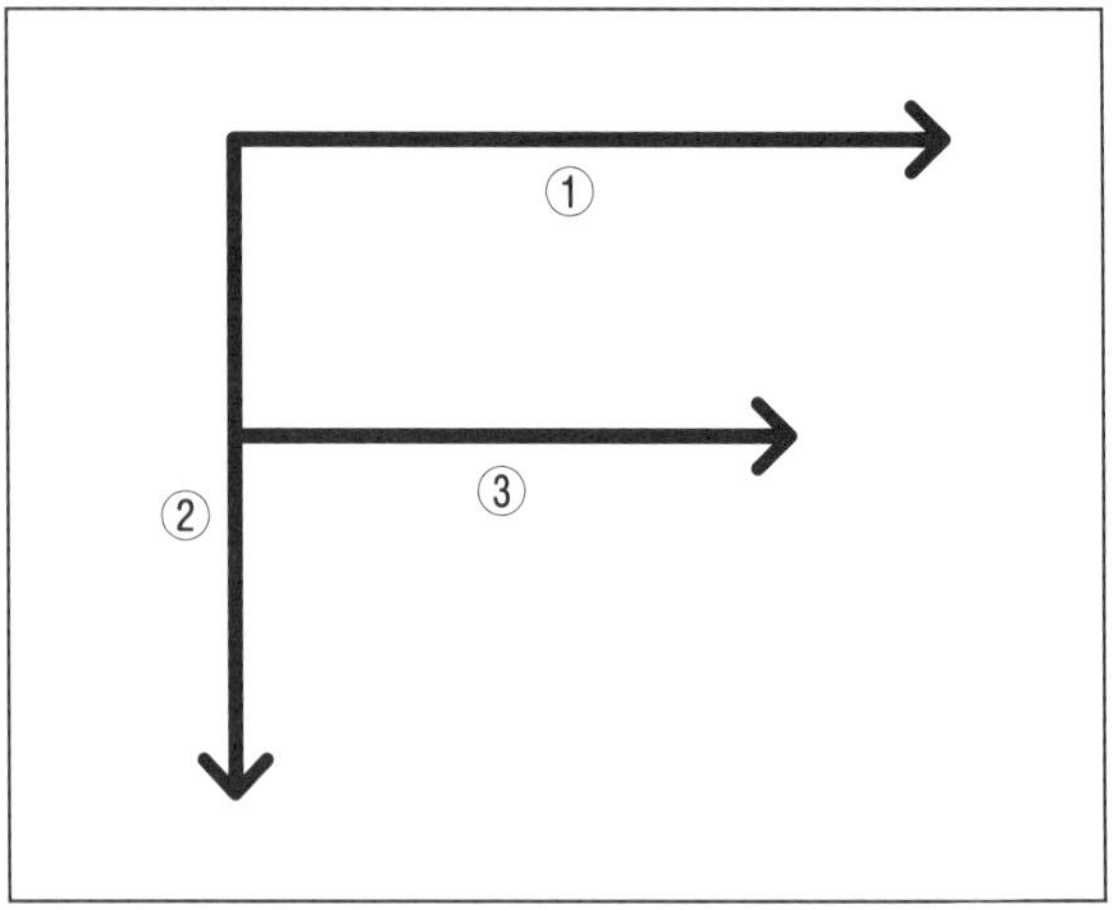

ウェブサイトを閲覧している人は、
「Ｆ」の字の形で視線が移動する。
２つのラインが交わる左上に、インパクトのあるものを置く。

クトのあるもの（写真や画像）を置くようにしましょう。

なお、ホームページを持っている方でも、その分析ツールを活用していない人は、けっこう多いようです。**「グーグルアナリティクス」を導入しましょう。**「これが本当に無料なのか！」というほどのものすごい分析力です。

あなたのホームページを訪問した人数がわかるのはもちろん、どこを経由して訪れたのか、どこがクリックされたのか、どれぐらいの時間、滞在していたのか、どのページがいちばんよく見られているのか、パソコンで見たのか、スマホでチェックしたのか、ウィンドウズ（Ｗｉｎｄｏｗｓ）なのか、マック（Ｍａｃ）なのかなどなど、たくさんの分析が可能です。

ひと昔前だったら高額な金額を払って専門業者さんに調べてもらっていたような結果を、それ以上に詳しく、いつでも好きな時間に自分でチェックすることができます。

「左上」にインパクトのあるものを配置しよう。

「メルマガ」は、攻めのメディア

ホームページが完成したら、次は「メールマガジン（メルマガ）」を配信しましょう。

フェイスブックやツイッターなどのSNSが注目されている今、メルマガと言うと、ひと昔前のツールと思われがちですが、とんでもない！　それはまったくの見当違いです。メルマガは、今でも非常に有効なツール。あらかじめ登録されているメールアドレスに、一斉に同じ内容のメールを送ることができます。

ホームページやフェイスブックやブログなどが、ただひたすら相手の訪問をじっと待たなくてはいけない「待ちのメディア」なのに対して、メルマガだけは、「ピンポーン、こんにちは～！」と、ずんずん積極的にこちらから相手を訪問できる。さまざまなソーシャルメディアのが乱立する中で、**唯一、メルマガは「攻めのメディア」と**

言えます。

メール配信には、**「ステップメール」**というシステムもあります。あらかじめ用意した内容の違う複数のメールを、指定した間隔で、順次、自動配信することができます。

メルマガの配信には、「メルマガ配信スタンド」を使うのがラクです。

使いやすく定評のあるメルマガ配信スタンドを紹介しましょう。

- アスメル……私はこれを使っています。電話で質問ができるので助かっています！
- オートビズ……これを使っている塾生も多いです。ステップメールだけのプランもあるようです。
- エキスパートメール……高機能版もありますが、「エキスパートメール・クラウド」でいいでしょう。
- ジェイシティ……私の友人が運営しており、到達率が高いことで有名です。
- 楽メールＥＸ……買い取り型なので、ランニングコストが不要です。
- ワンステップメール……無料なので、ちょっと練習してみたい人にオススメ。

いずれにしても、**あなたが自分でメールアドレスを管理できるメルマガ独自配信スタンドを持つことが、「ひとりビジネス」の成功条件の1つです。**

有名な「まぐまぐ」は、無料のメルマガ配信スタンドですが、メールのいちばん最後などに広告文を掲載することによって広告料を得て、それで運営しています。あなたがお客さんのメールアドレスを管理できないのがデメリットです。

なお、メルマガ本文には、次のような一文を入れておくことをオススメします。

「このメールは、名刺交換させていただいた方やセミナーに参加された方、サービスを利用してくださっている方など、大切な方たちに送らせていただいております」

そして、メール配信を希望しない人がスムーズに配信停止したり、アドレスを変更したりできるようにもしておいてください。

まずは、あれこれ心配せずに、楽しみながらやってみることです。私のメルマガも参考にしてみてください。http://www.ameblo.jp/9mlab

「メルマガ配信」を始めよう。

なぜに「アメブロ」？

「ブログ」は、「ひとりビジネス」の必須アイテム。**中でもダントツのオススメは、「アメーバブログ（通称アメブロ）」です。**

アメブロは、なんと、登録者数が２０００万人を超えているお化けメディアです（２０１２年調査時点）。ライブドアブログ、FC2、ヤフーブログ、ココログ、シーサーブログ、忍者ブログなどなど、さまざまなブログをおさえて、国内ナンバーワンのブログサービスです。

アメブロには、あなたが書いた文章や写真などの記事を拡散するための「仕組み」があらかじめでき上がっているというメリットがあります。たとえば、コメント・メッセージ、読者登録、いいね機能、アメンバー、ぐるっぽ、などです。

「アメブロみたいな無料のブログじゃなくて、ワードプレスを使って、自前で立派なホームページやブログを作ったのに、ぜんぜん人が来ない」と嘆く人がいますが、私はこれを「離島のラーメン屋」と呼んでいます。自前のホームページやブログを作るのは、離島にラーメン屋を開店するのと同じ。離島に来てもらうためには、橋をかけないといけません。つまり、宣伝をして、離島にラーメン屋があることを知らしめないと、誰も来てくれないわけです。

その点、アメブロなら、アクティブユーザーが多数存在していて、記事を拡散する仕組みがすでにでき上がっているので、広がっていくスピードが格段に速いのです。ただし、アメブロは商業利用が禁じられているので、突然閉鎖されてしまうアカウント削除のリスクがつきまといます。

目標読者は１０００人。まずは１００人突破から、コツコツ増やしましょう。いちばんいい方法は、「いいメッセージを発信しているなぁ」と感じる他人のブログをのぞきに行って、読者申請をメッセージつきで実行することです。そこで、相互に読者登録し合う。ウィン・ウィン（win-win）の関係を築くのです。

「アメブロ」で１０００人の読者を獲得しよう。

「動画」は、3分以内が鉄則！

効果的で、かつコストのかからない宣伝方法として絶対に活用したいのが、「動画」です。動画は、写真や文章に比べて、伝える力が大きいのは誰もが認めるところ。

方法は簡単で、**スマホやデジカメで動画を撮影し、そのデータをパソコンに移行させて、「ユーチューブ（YouTube）」にアップするだけ。**パソコンを使わずに、スマホ単体で、すべてをすませることも可能です。

前章で紹介した自己紹介動画だけでなく、商品やサービスを動画で紹介するなど、ブログやSNSと同じような感覚で、動画を作ってはアップしていきましょう。

動画の長さは1分から、長くても3分。けっして3分を超えないようにしてください。1分20秒がベストと言われているくらいです。

一説によれば、1つのテーマ（あなたのやっている「ひとりビジネス」のテーマ）

で1000本の動画がユーチューブにアップされていれば、そのテーマのマイスター（達人）のポジションを取れるそうです。

また、検索エンジン対策としても、ユーチューブはとても効果的と言われています。

ユーチューブに動画をアップしたら、自分のホームページやブログにはそのリンクを張って、そこから見られるようにしましょう。そして、**ユーチューブからも、あなたのホームページやブログにきちんと誘導する流れを作っておくのがコツです。**

自分のホームページに動画のデータを直接アップすることもできますが、動作が重くなってしまったり、アクセスが多くなったときにサーバーが落ちてしまったりすることもあります。それにいちばんのメリットは、ユーチューブで一般公開しておけば、たくさんの人の目にとまる可能性が高まり、いい宣伝になることです。

動画サイトはユーチューブのほかにビメオなどもいくつかありますが、まずはユーチューブから始めてみましょう。将来、大きな成果が期待できるはずです。

「ユーチューブ（YouTube）」から始めよう。

SNSは、「ブログ」を起点にする

最終的には、メルマガがもっとも訴求力が強いのですが、それを補助するメディアとして、次の３つのがあります。

- ブログ
- フェイスブック
- ツイッター

次のページの図で、ピラミッドは上に行くほどパワーが強くなっていきます。

どれをチョイスするかという問題ではなく、**「ひとりビジネス」では、すべてをやるべきです。**それぞれを相互リンクさせて、より活性化させ、結果としてあなたの自

自分メディアの相関ピラミッド

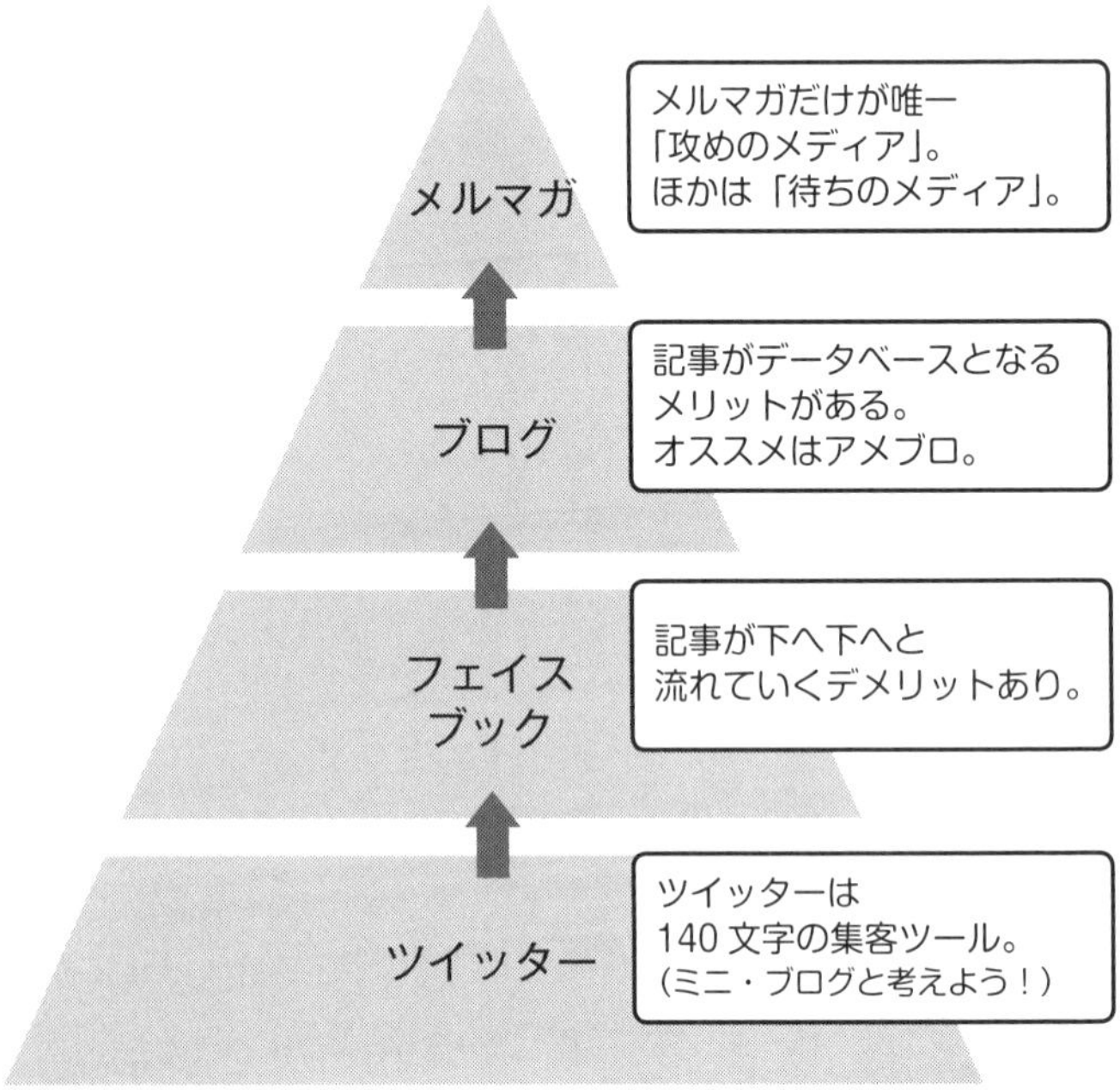
メルマガ
メルマガだけが唯一
「攻めのメディア」。
ほかは「待ちのメディア」。
ブログ
記事がデータベースとなる
メリットがある。
オススメはアメブロ。
フェイスブック
記事が下へ下へと
流れていくデメリットあり。
ツイッター
ツイッターは
140 文字の集客ツール。
(ミニ・ブログと考えよう！)

ピラミッドは、上に行くほどパワーが強くなる。
「ひとりビジネス」では、すべてをやること。
それぞれを相互リンクさせて、より活性化させ、
自分メディアをパワーアップしよう。

分メディアをパワーアップすることが重要だからです。

「メルマガに、ブログに、フェイスブック、ツイッターまで始めろと言われても、そんなにたくさん、とてもじゃないけどできないよ～」

という悲鳴が今にも聞こえてきそうです。

たしかに、ブログの記事を1つ作ろうとすれば、最低でも15分から30分程度はかかってしまうでしょう。そこにフェイスブックやツイッターの作業が加わると、それだけで半日終わってしまうかも……、と心配する気持ちもわかります。

でも、よく考えてみてください。たいていの人は、メインとして使うSNSを決めているものです。フェイスブックを積極的に利用している人はツイッターをあまり使わない傾向にありますし、ブログしか見ていないという人もいるでしょう。いわば、生息地が人によって異なるのです。

つまり、人によってメインとなるSNSはせいぜい1つか2つなので、わざわざすべてにまったく異なる内容を書く必要はないのです。

そこで、オススメなのがブログを起点として考える方法です。

フェイスブックやツイッターが揮発性の高いSNSなのに対して、ブログは記事がしっかりと残り、データベースとなるメリットがあります。また検索エンジン対策としても有効です（ただし、前述したように、アメブロの場合は、アカウント削除のリスクがありますから、データはバックアップをとっておきましょう）。

ブログにしっかりと長い記事を書いておき、フェイスブックやツイッターには興味を惹《ひ》く前フリだけを書いて、リンクを張ってブログへ誘導するのです。

ツイッターとは、いわば「ミニブログ」。新聞やニュースで言えば、ヘッドラインです。パッと見ただけで惹きつけるような見出しを書いて、最後にブログのリンクを張る。

たとえば、

「たった7日間で外見も心も美しくなれるサービスを体験してみた。http://○○○」

「絶対に前向きになれるあの偉人の不思議な言葉まとめ http://○○○」

などのつぶやきがあったら、つい、そのリンクをクリックしたくなるでしょう。

フェイスブックでも、ダラダラと長い文章よりも、写真や画像など、パッと見てわかるビジュアルのほうがシェアされやすいと言われています。

ツイッターやフェイスブックとブログを連動させれば、効率的にそれぞれのメディアの利用者に、あなたのメッセージをむらなく届けることができます。あなたの思いをしっかりと伝えられるブログに、人を流入させることができるのです。
あとは、これを地道に愚直にコツコツとひたすら継続するだけです。

ただし、ＳＮＳを使うときに、絶対にやってはいけないことがあります。それは「ブログ更新しました」です。

芸能人やアイドルのように、熱烈なファンがいる人なら「ブログ更新したよ」と書くだけですぐにアクセスしてくれるでしょうが、有名人でもない「ひとりビジネス」実践者が「ブログを更新した」とつぶやいても、インパクトはまったくありません。

だからこそ、フェイスブックやツイッターの最初の1行は、大事なのです。人を惹きつける1文を考えて投稿しましょう。それだけで、アクセスはまったく変わってきます。

また、リンク先のブログには、必ずフェイスブックやツイッター、グーグルプラス、ラインアット（ＬＩＮＥ＠）などで共有しやすいようにソーシャルボタン群をつけておきましょう。記事の最初と最後につけて、サンドイッチ形式にするのが理想的です。

「ツイッター」や「フェイスブック」から「ブログ」へ誘導しよう。

ほとんどの人が苦手意識を持つ集客も、
コツをつかめば、
けっして難しいことはありません。
集客マインドと集客戦略を
学びましょう。

第　4　章

集客＆マーケティング編

最強の
「集客」テクニック

最強の「集客」とは、何か？

「ひとりビジネス」を行ううえで、いちばん苦労するのが「集客」です。

なぜ、ここでつまずいてしまうのか？　それは、みなさん、集客のノウハウを持っていないからです。

アメリカで、「集客のカリスマ」と言われている人が2人います。1人は、ジェイ・エイブラハム。もう1人が、ダン・ケネディ。この2人の著作をよく読んでみると、同じ結論を主張していることに気づきます。

それは、

「最強の集客とは、〇〇だ！」

という結論です。

〇〇の中に入る言葉を想像してみてください。いったいなんでしょうね？

答えは、ズバリ、これです。

「最強の集客とは、紹介だ！」

なんだか、あっけなかったでしょうか？　でも、実に深いなあと、私は思います。

集客のキモは、「自分ひとりで集めよう」とアクセクもがかないことです。「助けてください！」と、さわやかにズーズーしくお願いしていくのがコツです。紹介してもらうのを恥ずかしがったり、ためらったりしてはいけません。

たとえば、あなたが、ご自分のセミナーをやってみるとしましょう。

「たくさんのお客さんに来てほしい」と思いますよね。でも、まずは、少ない人数の5人からスタートしましょう。5人は、すべてあなたのお友達でいいんです。友人を5人だけ集めるのであれば、なんとかできそうですか？　できますよね。

「セミナーの練習をするから、ぜひ力を貸してほしい！」

と、内容の審査と改善点のフィードバックを真面目に頼み込んでみてください。誠意を持ってお願いをされれば、人はなんとかその人の力になってあげようとする生き物です。きっと、協力してくれるでしょう。

2回目は、その最初の5人の方に、知り合いを紹介してもらうのです。

紹介で、少しずつ着実にお客さんを増やしていく。これこそが、最短で、しかも最強の集客法です。ネットでラクして、誰でもいいからごっそりかき集めようとする人が失敗するのです。

紹介は、友人・知人だけでなく、お客さんにも、ちゃっかり、しっかりお願いしてみましょう。「紹介してください！」と。

もちろん、新規開拓というベクトルも重要です。

でも、新しいお客さんを探すという方向性に、8割から9割のパワーを注いでしまうと、集客の苦しみという無間地獄が出現します。

それよりも、今かかわっている友人、知人、クライアント、お客さんをしっかりと、真心でフォローして、紹介してもらう！　これです。

もしも紹介してもらえないようでしたら、あなたのやり方や普段のかかわり方が間違っています。

「紹介」で人を集めよう。

「紹介」を依頼するキーパーソンの条件

「紹介」を依頼するとき、特に理想的なのは、次の3条件を持っている人です。これまでの私の数多くの実験から、この結論に至りました。

【紹介を依頼するキーパーソンの条件】

①著作がある人（つまり、すでにファンがいる人）
②メルマガを発行して、かなりの発行部数を持つ人
③自分と相性がよく、お互いに信頼関係がある人

この3つの条件をクリアしているキーパーソンに紹介を依頼すれば、本当にビックリするくらい効果があります。

紹介を依頼するときは、「私をこのように人に紹介してくださいね」という「紹介の雛形《ひながた》」を用意することを強くオススメします。

お友達が、そのままお友達に紹介するときに、そのままコピペして使えるようなサンプルを作るのです。サンプルは、以下の４パターンがあればＯＫ。

- ツイッター用の１４０文字以内の紹介文
- フェイスブック用の写真つきの紹介文
- ブログ用のかなり長めの紹介文
- メルマガ用のストーリー仕立ての読み物風の紹介文

これが難しければ、ロングバージョンとショートバージョンの最低２つは用意しておきましょう。

「紹介の雛形」を用意しよう。

「コラボ」戦略で、お客さんを増やす

昔は小さな会社だったソフトバンク。それが、どうしてこれほどまでに大きくなっていったのか?

その秘密は、ズバリ、「コラボ」戦略です。**ゼロから取り組むのではなくて、すでに、成果を出している人と組む!** ソフトバンクは、小売り部門では上新電機と、ソフト部門ではハドソンと、インターネット部門ではヤフーと、モバイル通信部門ではアップルと、それぞれ提携することで、競合他社を圧倒する販売力を身につけていったのです。

世界一のマーケッター、ジェイ・エイブラハムも、

「もしもあなたのテクニックや方法をすべて失うとして、何か1つだけは残してもいいとすれば、あなたはいったい何を残しますか?」

というマスコミの質問に対して、間髪を入れずに、

「コラボ（ジョイントベンチャー）」

と答えました。数え切れないほどの企業コンサルで莫大な利益をもたらした彼のテクニックのうち、実に7割がこのコラボによる利益だったそうです。


「ひとりビジネス」においても、コラボはおおいに活用できるはずです。

ひとりでウンウンうなって集客を考えるより、誰かといっしょにイベントを開催したり、誰かと知恵を出し合って商品を作ったり、宣伝し合ったり、誰かと相互紹介し合ったりするほうが、孤軍奮闘するよりも何倍もラクで、何倍も効果があります。

大好きな人たちとコラボして仕事し、ともに、成長・進化していきましょう！

振り返ってみると、私自身も、自分ひとりでなんとかしようと頑張っていたころは、うまくいきませんでした。ところが、相手を応援しようとして、コラボ・セミナーをやるようになってから、とてもいい成長の波にしっかり乗ることができたのです。

「ひとりビジネス」を加速する合言葉、それこそまさに「コラボレーション」ですね。

「コラボ」で成長しよう。

異業種でも、同業種でも、コラボできる

コラボするときは、自分とあえて違う分野の人とコラボしてみると、どんどんお客さんが増えていきます。

性別の違う人とコラボしてみる。ファン層やターゲットがまったく違う人とコラボしてみる。

たとえば、あなたが今、「ウェブ」の仕事をしているとします。そのとき、まったく違う「パワーストーン販売」をしている方や「カラー診断」をしている方とコラボしてみるのです。「ウェブ×パワーストーン」「ウェブ×カラー」という具合です。

一見すると、突拍子もないように思えますが、お互いのまったく別のターゲット層が混じり合って、予想もしなかった化学変化が起こります。

一方、**あなたとほとんど同じ分野を扱って同じような商品を販売している人ともコラボできます。**

これは、大企業ではありえないことです。サントリーがキリンのビールを売ったり、花王がライオンの石けんを扱ったりすることはありませんよね？

ところが「ひとりビジネス」なら、扱っている商品を相互紹介したり、ブログやホームページなどで「○○に役立つ商品ベスト10」といった切り口で相手の類似商品を紹介したりすることも可能です。

同じような家庭雑貨を扱っている「ひとりビジネス」のネットショップ・オーナーたちが集まって、お互いに相手のサイトを紹介し合ったりすることで、売り上げを大幅にアップさせたというような例も、たくさん見てきました。

「ひとりビジネス」では、同業他者を「ライバル」と決めつけずに、「いっしょに成長していく仲間」と見方を変えることが大事です。

競争から、共創へ！　Next stage together です！

異業種とも同業種とも、コラボしよう。

クレクレ星人、ブツブツ星人はいらない！

集客の解決策は、結局のところ、紹介とコラボの2つです。誰かに、紹介してもらう。または、自分が誰かとコラボする。このどちらかなのです。

とはいえ、**紹介にせよ、コラボにせよ、お客さんはたくさん集めればいいというものではありません！**

「ひとりビジネス」が幸せに成功するためには、量よりも質が重要。

たしかに、数字だけを見ると、

5人　＜　20人

だけれど、本質を見抜けば、

5人　＞　20人

となります。

なぜなら、どうでもいいような人、あなたの商品をまったく買わない人が20人集まるよりも、熱心なファンになってくれて、口コミ紹介をジャンジャンしてくださる5人の方に来てもらうほうが断然いいのです。

それに、人数だけをとにかく集めようとすると、その中に2種類の困ったちゃんたちが出現してしまいます。

- クレクレ星人（とにかくタダで、なんでもいいから「クレクレ！」とやたら要求する人たち）
- ブツブツ星人（細かいことに腹を立てて、ブツブツ文句を言ってきたり、返金を要求したりするクレーマーたち）

「質のいいお客さんを自分が選ぶ」という発想を持ちましょう。むやみやたらに、人をかき集める必要はないのです。

「お客さん」を選ぼう。

集める集客から、集まる集客へ

お客さんや参加者を「集める」と考えると、だんだん苦しくなっていきます。どうやって集めようか？　集められなかったらどうしようか？

大事なのは、発想の転換です。つまり、**集めるではなく、集まる**と考えるのです。「集める」と「集まる」。たった1文字の違いですが、「め」と「ま」の違いは大きいです。「人が自然と集まる」、それこそが「ひとりビジネス」の集客法のゴールです。

人が自然と集まるような「仕組み」を作っていくという心構えが大事なのです。

では、人が自然と集まるために、もっとも重要なことはいったい何でしょうか？

それは、**「口コミ」**と**「ネットコミ」**です。「ひとりビジネス」が発展するためには、口コミ、ネットコミという紹介が必須の要素なのです。逆に言うと、口コミ、ネットコミが発生しない「ひとりビジネス」は、自然消滅する可能性大です。

【口コミ】

口コミとは、口づてに情報が広まっていくこと。

人から人へ、カフェで、あるいは電話で、あるいは仕事場で、お昼休みに、アフター5の居酒屋で、休日の美容院やスポーツジムで……。実は、これがとても強力なのです。

「○○さんのセミナー、すっごくよかったよ。あなたも行くといいよ！」

「○○ちゃんの商品、とっても役に立ったよ。あれはおトクだなあ～」

こういうふうに、あなた以外の誰かが、あなたの「ひとりビジネス」を勝手にＰＲしてくれることが、いちばんパワフルな集客になります。あなたも、信頼できる友達にすすめられてお店に行ったり、商品を購入したりしたことがあるでしょう？

【ネットコミ】

ネットコミは、インターネット上の口コミのこと。

口コミがアナログなのに対して、ネットコミはデジタルでの情報拡散。主にインターネットニュースやブログやツイッター、フェイスブックやラインなどを通じて広まっていく情報が、ネットコミです。

20世紀は「マスコミ」の力が巨大でしたが、今やインターネットの時代になって、個人の発信が世界に影響するのです。

最近では、こうした口コミ、ネットコミを利用したマーケティングを**「バイラルマーケティング」**と言います。バイラルの語源はバイルス（いわゆるウイルス）で、またたく間に世の中に感染していくさまを指しています。

テレビや交通広告などのマスメディアを使わない「ひとりビジネス」においては、**低コストかつ非常に大きな効果が期待できる口コミ、ネットコミが起こりやすいよう、たえず工夫していくという戦術が不可欠です。**

口コミ、ネットコミによるバイラルを起こすには、次のような仕掛けが考えられます。

- 紹介やレビューをしてくれた人に、割引などの特典やスモールプレゼントを用意
- ネット上にユニークな動画をアップして、それを話のネタにしてもらう

- 紹介してくれた人に報酬を振り込むシステムを導入する（アフィリエイト）
- 影響力のある人に、ブログやメルマガで取り上げてもらう

「そのうち、誰かが紹介してくれるだろう」

「いいものを販売しているから、勝手に広がるだろう」

「素晴らしいメッセージなんだから、自然に伝わっていくに違いない」

こういう無邪気な思い込みを捨てましょう。

これからは、**「集客法＝口コミ、ネットコミ発生システムの構築」**と考えてください。

「口コミ」「ネットコミ」を起こそう。

「キャッチコピー」に、人は集まる

集客に非常に重要な役割を果たすのが、「キャッチコピー」です。

あなたの「ひとりビジネス」がウェブ上での商品販売にせよ、カウンセリングやコーチングにせよ、セミナーにせよ、人に興味を持ってもらうために、商品にどんなキャッチコピーをつけるかで、売り上げはまったく違ってきてしまうものです。

ところで、今までにもっとも秀逸だったと高く評価されているキャッチコピーって、何かご存知ですか？　なんと、それはあまりにも集客に影響があったために、20年以上使われ続けているそうです。

ヒントは、JR東海。そうです、あれです！

「そうだ 京都、行こう。」

この「キャッチコピー」で、なんだか京都に行きたくなって、つい行ってしまったよという方も、かなりいるんじゃないでしょうか？


秀逸なキャッチコピーは、どんどん参考にしましょう。

たとえば、私の場合なら、

「困ったときは、９マスがオススメです」

という説明型のフレーズよりも、

「そうだ、困ったら９マスだ！」

のほうがエモーショナルですよね。

ほかにも、

「この顔にピンときたら１１０番」

「なんで、私が東大に!?」

など、世の中には素晴らしいキャッチコピーの例がたくさん転がっています。

ビビッときたキャッチコピーを、サクッと応用していく。このビビサク・ビジネススタンスが、あなたの「ひとりビジネス」をみるみる加速させるのです。

商品の「キャッチコピー」を作ろう。

あえて「ターゲット」を絞る

「ターゲッティング」という言葉をご存知でしょうか？　自分のモノやサービスを買ってくださる「ターゲット（対象）」をあえて絞っていくという考え方です。

不思議なことに、老若男女、誰でもいいから多くの人に売り込もうとすると、あまりパッとしないのです。それどころか、**ターゲットを絞れば絞るほど、売れるのです。**

ターゲットを広げれば広げるほど、薄ぼんやりしたPRになり、逆に狭めれば狭めるほど、キャッチコピーもメッセージも、鮮烈に刺さります。たとえば、

「髪を大切にする、すべての人に使ってほしい商品です」

と謳《うた》うよりも、

「モテたい！　けど髪に問題がある。そんなあなたに使ってほしい！」

と宣言したほうが、100倍効きます。

「どんな人にも役に立つ小冊子です」

と言うよりも、

「これから試験を受けようとしている人の必携バイブルです」

としたほうが、対象者はもちろんのこと、周囲の人にまでも波及していくのです。

この例の場合、入試や資格試験など、テストを受けようとしている本人に興味を持ってもらえるだけでなく、受験生の保護者、会社の昇進試験に臨むという友人・知人などにも「プレゼント用に喜ばれるかも！」と広がっていくというわけです。


ターゲットを主婦に絞った起業塾で、大成功している女性を紹介しましょう。

ＭＯＭＯさんこと山口朋子さんは、大学卒業後、会社勤めを経て、結婚。出産を機に専業主婦となったのですが、子育て中に社会との断絶を感じ、産後うつに……。

「○○ちゃんのママ、○○さんの奥さん、としての人生だけではイヤ！」

そんな彼女が救いを求めたのが、自宅で気軽にできるインターネットでした。社会とつながる窓を見つけたのです。はじめはブラインドタッチもできないほどのＩＴオンチだった彼女ですが、独学でホームページ制作を学び、アフィリエイトを本格的に始めるようになって、２年間で４９００万円を稼ぐまでになりました。

そこで始めたのが、オンラインスクール（彩塾《さいじゅく》 http://www.saijuku.net/info/）です。同じような思いをしているであろう主婦にターゲットを絞って、ネット上で起業ノウハウを伝えるスクールを始めたのです。

「○○ちゃんのママ、○○さんの奥さんじゃなく、あなた自身があなたのために輝ける起業塾」

このキャッチコピーも多くの女性の共感を得たのでしょう。６か月、19万8000円と、けっして安くはないプログラムですが、順調に成長しています。

あなたの商品やサービスは、欲張ってしまうあまり、

「みんなに使ってほしいんです、ハイ」

と、幼稚な落とし穴にはまっていないでしょうか？

ターゲットは、あえて狭める！　絞る！　別のターゲットには、別の絞った商品・サービスを用意してあげればいいのです。

商品の「ターゲット」を絞ろう。

お客さんを呼び込む「○○割」

集客の際には、「○○割」といったサービスをたくさん考えましょう。

昔、ある航空会社が「早割」というキャンペーンを始めたらそれがとても好評だったので、ライバルの航空会社がそれに対抗して「超早割」というサービスを展開し、これまた大評判。以降、国内のエアラインでは、早割という考え方が当たり前になるほど、1つの流れを作り出しました。

「ひとりビジネス」でも同じように、こうした「○○割」というサービスをたくさん用意することで、集客に役立てることができます。

前述の早割制度はもちろんのこと、「ペア割」「カップル割」「誕生日割」「家族割」、職場の方をお連れくださった場合には「職場割」、リピーターには「常連割」など、ちょっと考えればいくらでも思いつきますよね。

「早朝割」「深夜割」「雨の日割」など、エントリーの時間や天候までも活用してしまうことだって可能です。

自分がちょうど当てはまる割引があると、人はその制度を利用しようとする心理が働くものです。こうした購買心理は、ぜひとも活用したいもの。

さらに、集客するときに、とても効果的なマジック・ワードがあります。

それは、**「今だけ」**。

単に「３０００円」とせずに、期間を決めて「今だけ３０００円」とする。「○○割キャンペーン中だから」「○○記念につき」など、景品表示法や特定商取引法上、不当表示にならない範囲内で、工夫しましょう。

とにかく、「今だけトクな期間なんだ」ということを、お客さんに積極的にアピールする。ウェブでも、紙の印刷物でも、どちらにも大変有効です。

「○○割」を設定しよう。

「メールアドレス」こそ、財産

集客のために、今どき、切手を貼って、せっせとダイレクトメールを送る人は、あまりいないと思います。資金が潤沢にあれば別ですが、切手代もバカになりません。定型最大封筒を使って82円切手ですませたとしても、2000通出したら16万円以上かかります。しかも、そこには封筒代金や中身のチラシの印刷代は含まれていません。それに、なんと言っても、チラシを3つ折りにして、封筒につめて、そして郵便局へ投函《とうかん》しに行く。ちょっと考えただけでも、相当な時間とエネルギーを使いますよね。だからこそ、無料でお客さん候補の方に送ることのできる「メールレター」は千金に値するのです。

つまり、**お客さんの「メールアドレス（メルアド）」こそが、「ひとりビジネス」の貴重な財産となるのです。**メルアドを粗末にする人は、けっして成功しないでしょう。

あなたはその肝心要のメルアドを、せっせと集める工夫をちゃんとしていますか？

リアルに会った方の名刺に記載されているメルアドだけが頼りというのでは、10年かけて集めてもたかが知れています。物理的に会える人数には、限界があるからです。それに、いくら「ひとりビジネス」だからといって、毎日毎日人に会うだけというわけにはいきません。ほかにやらなくてはいけない仕事が、たくさんありますよね。

だからこそ、**メルアドを収集する「仕組み」を、ウェブ上のあちこちに設置する必要があります。**

私の場合は、ホームページでメルアドを登録していただくと、「行動習慣のヒント」をまとめたＰＤＦをプレゼントする仕組みにしています。こうして、メルアドをせっせと収集しているわけです。


ここで、フェイスブックでメルアドを集め、それを「ひとりビジネス」につなげた方をご紹介しましょう。

吉原康能《やすよし》さんは、勤めていた会社を辞めてから、奥さんの「名刺作成サービス」の仕事を手伝っていました。ところが、ネット印刷の台頭で、売り上げは激減。危機感を抱き、２０１１年、私のもとに「ひとりビジネスを始めたい」とやってきました。

そのとき私がすすめたのが、フェイスブックでの名言集。当時、ＳＮＳのミクシィには名言集があって人気を博していたのですが、フェイスブックには名言集はほとんどありませんでした。そこで、彼は、ガンジー、イチロー選手などなど、さまざまな著名人の名言に画像を添えて、毎日コツコツと発信していったのです（心に響く「魔法の言葉（名言）」集 https://www.facebook.com/mahocoto）。

すると、瞬く間に「いいね！」が増え、一時期は日本一を記録。28万の「いいね！」が集まる大人気コンテンツにまで成長したのです。

さらに、フェイスブックに集まった人々にメルアドを登録してもらい、メルマガへと誘導。メルマガからランディングページへと誘導して、収益を生み出すことに成功したのです。

また、フェイスブックに多くのファンがついていることに注目した企業が、彼をスポンサードすることになり、大きな広告収入を得ることもできました。

ウェブだけに限らず、名刺、プロフィール・シートなどの紙媒体にも、とにかくメルアドを集める工夫を随所にちりばめていきましょう。

「アクティブなメルアドを２万件持っていたら、黙っていても食べていける」

と言われています。私の周囲を見わたしてみても、

「これはたしかに本当ですね！」

と、自信を持って断言できます。

あなたは今、何人のメルアドを知っていますか？　先月から何件メルアドが増えたか、具体的にわかりますか？

「メルアドの数＝ファンの総数」ととらえてみましょう。

メールアドレスはエクセルのシートに入力して、それをおおもとのリスト（大福帳）として、しっかり管理してください。コツコツ面倒がらずに、エクセルの表に次々と入力していく。そして、数字でしっかり把握するのです。「ひとりビジネス」がうまくいかないのは、数字で「見える化」できていないからです。

脂肪と借金は減らして、メルアドと貯金は増やせ！

これを「ひとりビジネス」の合言葉にしましょう！

「メルアド」を集める仕組みを作ろう。

新規開拓よりも、既存客の「フォローアップ」

私たちは、常に新しいお客さんを探そうとしがちです。もちろん新規開拓はとても重要ですし、それがダメなわけではありません。

ただし、次の事実をご存知でしょうか？

マーケティングの世界では、新規顧客の獲得にかかるコストは、1度買ってくれたお客さんにリピートしてもらうコストの5倍から10倍かかると言われています。

つまり、せっかくお客さんを獲得したら、リピートしてもらわない手はないのです。

新規開拓よりも、既存客の「フォローアップ」が大事です！

とはいえ、1度、あなたの商品やサービスを受けてくれた人に、それぞれ個別にメールを送り続けるのは、やっぱり大変ですよね。

そこで、比較的簡単にできて、**お客さんとコミュニケーションを取り続ける方法としてオススメするのが、やっぱり「メルマガ」です。**

商品購入時にお客さんのメルアドを手に入れたら、新商品のお知らせや割引セール、シークレットサービスなど、既存顧客向けのメルマガを作って、送るだけです。

まずは、週に1回くらいの頻度で送ってみましょう。

「いきなりそんなに書けない！」

という人は、月に2回（満月と新月）配信することからスタートしてみましょう。

また、**メルマガと合わせ技で活用してほしいのが「ステップメール」です。**あらかじめ用意した内容の違う複数のメールを、間隔を設定して自動送信します。

ステップメールを利用することで、お客さんを自動でフォローアップできるだけでなく、リピート購入や「クロスセル」や「アップセル」（詳しくは次ページ）を効果的に促すことができます。

既存客へのメルマガやステップメールの発行数が増えれば増えるほど、売り上げもずいぶん増えてくるのが手に取るようにわかるはずです。

「メルマガ」「ステップメール」で既存客をフォローアップしよう。

「クロスセル」と「アップセル」

「クロスセル」と**「アップセル」**という言葉はご存知ですか？

クロスセルとは、「これを買った人はこちらも買っていますよ！」とか「ごいっしょにポテトもいかがですか～？」というアレ（笑）。

1つの商品を購入してくれたお客さんに対して、別の商品の同時購入をオススメするのが、クロスセルです。

一方、アップセルとは、無料説明会のあとに高額な商品を紹介する、初級編セミナーでもっと本格的なアドバンス・プログラムをPRする、大衆車を購入したお客さんにもう一段階上の高級車をオススメしてみるなど、より高額な商品へと誘導していくこと。

その名の通り、高額・上位の商品を販売していくマーケティング手法が、アップセ

ルです。

お客さんに対して、クロスセルかアップセル、常にどちらかの提案をするように心がけましょう。

ただし、購買をうながす際に注意するのは、けっして強引にならないようにすること。人は説得されたくないのです。他人からの説得ではなく、自分が納得したときだけ購買意欲が湧いてくるのですから。

説得より、納得です。

「クロスセル」「アップセル」を提案しよう。

イベント集客支援サービス「こくちーずプロ」活用術

イベントやセミナーの集客では、ウェブサービス「こくちーずプロ」http://www.kokuchpro.com/ もオススメです。

名前は「告知」のしゃれで頼りなく思えるかもしれませんが、実はこれがバカにできない、見事なイベント集客支援サービスなんです。しかも、完全無料！

集客専用フォームをちゃちゃっとすぐに作れてしまいますし、参加者を自動でリスト化してくれるので、主催者としては本当に助かります。

しかも、それだけじゃないんです。イベントのあとの懇親会に参加するかどうかのアンケートなども、自動集計してくれます。

さらに、現在の応募人数を表示するか、非表示にするかなど細かい設定もできて、「本当にこれが無料でいいのか」と、いつも驚かされるほどの充実ぶり。

私の友人の会社経営者のMさんは、「300万円かけて専門業者に依頼して作成した自前の集客フォームよりも『こくちーず』のほうが優れているのが実にくやしい」としみじみと語っていました。

使ったことがない人は、ぜひ1度使ってみてください。「ひとりビジネス」実践者のとっても強い味方になってくれますよ。

イベントは「こくちーずプロ」で集客しよう。

結局は、「リアル」が大事！

「クロージング」という言葉があります。売買取引を完了することです。最終的に商品を購入してもらい、クロージングに持ち込むためには、ウェブサイトよりも、メールのほうがいい。メールよりも、電話のほうがいい。電話よりも、対面のほうがさらにいい。

サイト　＜　メール　＜　電話　＜　対面

下へ行くほど、人への影響力が増していきます。
優れた営業マンは、面倒がらずにメールします。面倒がらずに電話します。面倒がらずに会いに行きます。

実は、いちばん稼いでいる人というのは、実際に人に会っている人なのです。

フェイスブックやネット上でやりとりしても、そのあとに会う。名刺交換しても、そのあと実際に会う。とにかく最後は、1対1。

こういったことを愚直に進めて、結果を出しているのです。

「ひとりビジネス」でも、ホームページだけ作ってほったらかしにしたまま、

「商品の申し込みがないんだよね……」

とぼやくのはやめましょう。

「リアル」な営業の時間を、きちんとあなたの1日のスケジュールの中に組み込むのがいいですね！

ポイントは、「食事しましょう」よりも「お茶しましょう」。軽い気持ちで、サクッと会うのがコツ。相手も気軽に会えるように、「お茶」という言葉で、心のハードルを下げておくことです。

「リアル」でクロージングに持ち込もう。

マーケティング戦略「4つのP」

マーケティング戦略に関しての**「4つのP」**をご存知ですか？
「4つのP」の1つは、「プライス」、つまり「価格」です。
でも、価格だけがポツンとひとりぼっちで存在するはずがありません！
プライスの前後に、別のPがあるのです。

【4つのP】
①プロダクト（Product）製品
②プライス（Price）価格
③プレイス（Place）流通
④プロモーション（Promotion）仕掛け

プロダクト　→　プライス　→　プレイス　→　プロモーション

この「4つのP」の流れをフレームワークとして意識することが、「ひとりビジネス」をするうえで、とても重要です。

「ひとりビジネス」であなたの商品がうまく売れない状況が起こったとしましょう。

その場合、漠然と「どうしたらいいかな〜」と心配するのではなくて、「4つのP」のどの分野が弱いんだろうかと、思案するべきなのです。

さらには、それぞれの分野ごとに改善点をピックアップして改良していく過程で、売れ行きや集客が伸びていきます。

「4つのP」を意識しよう。

「ひとりビジネス」では、
あなたが経理部長も兼ねています。
お金のことに目を背けず、
儲《もう》かり続けるマネー戦略を
立てていきましょう。

第 5 章

マネー＆戦略編

儲かり続ける「お金」の仕組み

お金のチェックは、「午前中」！

お金の請求や支払いで、失敗したことはありませんか？　間違って二重に請求してしまったとか、うっかり支払い期限を過ぎてしまったとか。

こういったミスを避けるには、**お金関連の事務作業を「午前中」にすませてしまうことです。**夕方、能率が落ちて眠くなってきたときにやったり、イライラしながら夜中にやったりするから、うっかりミスが起きてしまうのです。

請求書を作る、支払いをしなければいけない書類をチェックする、支払いがすんでいるものと未払いのものを仕分けするなどなど、お金と数字を扱うには頭がクリアで、体も疲れていない時間帯のほうが、適しているのです。

午前中のフレッシュな時間に、15分でも30分でもいいから、「お金の時間（マネータイム）」を、強制的に設置して習慣化しましょう。小・中学校の朝のホームルームの時間のように、ファイナンシャル部門に関しての業務時間を設けるのです。

朝にチェックするクセをつければ、うっかり金融機関に行くのを忘れていて、「あ～っ、そうだった！」と思い出したときでさえも、お昼休みにサクッと行動できます。

「ひとりビジネス」では、会社と違って、経理部の人がチェックしてくれたり、警告を発してくれたりしません。すべて自分でやらなければいけないからこそ、なおさらお金関連の事務作業について、自分なりのルールを決めておくべきなんです。

なんとなくやりたいときにやったり、期限に迫られてやったりすると大ケガします。お金のことで信用を失うのは一瞬です。信用は築き上げるのにはとても時間がかかるのに、なくすときは本当に一瞬なんです。だから、お金のチェックは午前中！

銀行も朝９時に行けばガラガラですから、時間も節約できます。わずか数時間遅らせて行ってみると、アララ……。番号札なんて渡されて、イライラしながら延々と待つことになります。

しつこいようですが、再度言います！　お金のチェックは、午前中！

朝、「お金の時間（マネータイム）」を作ろう。

毎日「帳簿」を記入する

「自分は知り合いの経理士・税理士に任せてあるから、お金の管理は大丈夫です」と言い張る人がいます。

引退した大企業の会長ならともかく、これから「ひとりビジネス」を軌道に乗せていこうとする人間が、お金の流れを把握できないようではいけません！

お金の管理をする具体的な方法としては、よいソフトウェアを導入すること。

会計ソフトは、本当に使いやすくなっています。優秀な会計ソフトを導入すれば、貸し方・借り方など、難しい知識がなくとも、自動で仕分けしてくれます。

青色申告なども、自力でやってしまう人が多くなっています。実際、優れたソフトがあれば、申告書の作成は、全部自分でできてしまいます。

「ひとりビジネス」の会計ソフトとしてオススメなのが、全自動のクラウド会計ソフト「フリー（ｆｒｅｅｅ）」です。

大事なのは、毎日「帳簿」を入力する習慣を持つことです。

今、利益が出ているのか？　損失が出ているのか？

売り上げ、経費など、しっかり収支をパソコンの帳簿につけるのです。

「ひとりビジネス」では、代表であるあなたが経理部長も兼ねているわけですから、常日ごろから収支のトータルをしっかりと把握しておく必要があります。

帳簿をつけないと、経営が見えません！　お金が貯《た》まらず、疲れだけがたまります。

売り上げがアップすると、儲《もう》かっていると錯覚しがちですが、大事なのは、売り上げではなく、純利益。

冷静にきちんと数字と向き合うためにも、しっかりと楽しみながら帳簿をつける習慣を持ちましょう。

収支をパソコンの「帳簿」につけよう。

お金の管理は、「分ける」ことから！

お金の管理で重要なことは、ズバリ、「分ける」ことです。

「ビジネスの財布」と「プライベートの財布」をハッキリ区別しましょう。

「ひとりビジネス」ではどちらも自由になるため、ビジネスのお金とプライベートのお金がごちゃごちゃになりがちです。それをそのつどチェックするのは面倒ですから、ついドンブリ勘定になってしまうのです。しかも、それを誰も注意してくれません。

現金に限らず、通帳やクレジットカードも同じ。

いちばんラクチンでスマートな方法は、そもそも「管理する場所＝口座」を分けること。そうすれば、ビジネスのお金と、プライベートのお金が混ざってしまうことはありません。

ちなみにこの方法を徹底している「ひとりビジネス」実践者は、クレジットカードもバッチリ区分けしています。

たとえば、ビジネスでの海外出張用のカードを決めることで、海外出張でトータル何にどれだけお金を使ったかがハッキリするし、カード会社から送付されてくるカード利用代金明細書を、そのまま出張経費の明細書として保存できるわけです。

スーパーでの買い物から、得意先への手土産《みやげ》、さらにはプライベートで行った海外旅行の費用まで、カード利用代金明細書が何もかもいっしょだと、どれが経費で落ちるものなのかも即座に見えてきません。この分ける発想が、あとからものを言うのです。

お金の管理は、分けることから始めましょう。

「ビジネスの財布」と「プライベートの財布」を分けよう。

「お金の話」をするときの3つのポイント

「どうもお金の話をするのが苦手なんです……」

そんな人がたくさんいます。

そこで、「お金の話」をするときの3つの重要ポイントをお伝えしましょう。

①先に話しておく。あと回しにしない（あと出しジャンケンはNG！）

お金の話は、タイミングを逃すと言いづらくなるもの。

「ところで、報酬はおいくらですか？」

「費用は○○円ですが、大丈夫ですか？」

と、はじめにサクッと聞いてしまいましょう。

②プライスリストを渡す

口頭ではお金の話がどうしてもしづらい人は、値段を紙にリスト化した「価格一覧表」をあらかじめ作っておきましょう。口で説明するよりも、紙を渡すほうがだんぜんラクだし、スマートですよ。

③受け取る自分を許す

いい人を演じる必要はありません。報酬は、堂々といただいていいのです。お金に対する心のブロックをはずしましょう。

「ひとりビジネス」がどうしてもうまくいかない人は、ノウハウや商品よりも、お金に対する心のブロックがあることが問題の場合が多いです。

「もっとお金をもらっていいんだ」

「たくさん稼いでいいんだ」

と、自分自身の潜在意識が納得しないと、お金は入ってきません。お金の話もできません。受け取る自分を許しましょう。

サクッと「お金の話」をしよう。

「ひとりビジネス」に最適な銀行は？

「ひとりビジネス」で使う口座は、「ネット銀行」がオススメです。いちいち銀行に行って記帳しなくても、ネットの画面上で、リアルタイムで入出金をチェックできます。

最近は、都市銀行もネット上で取引できることが増えていますが、現時点では、ネット銀行のほうが、振込や入金があった際のメール通知などの点で進んでいます。

ただし、ネット銀行は通帳がなく、サイト上に明細が表示される期間に限りがあります（銀行によって異なります）。定期的にバックアップする必要があることは、覚えておきましょう。

一方で、ネット銀行は、年配のお客さんにとって信用度の面でやや劣る傾向にあります。都市銀行にも口座を持ち、使い分けるバランス感覚が大事ですね。

お客さんの視点に立つと、多くの銀行に口座があったほうがいいとも言えます。

事実、私の知人の花屋さんで地域ナンバーワンの売り上げを誇っているお店は、地元のゆうちょ銀行と信金はもちろん、都市銀行4行（三菱東京UFJ、みずほ、三井住友、りそな）に加えて、ジャパンネット銀行、楽天銀行、セブン銀行、じぶん銀行、ソニー銀行といったネット銀行にも口座を開いており、お客さんに「好きな銀行へ振り込んでください」と謳《うた》っています。

ライバルのお花屋さんたちと、お花の品ぞろえはほとんど同じでも、
「同じような商品なら、振込手数料がかからないあのお店にしよう」
とちょっとした便利さや気配りがお客さんの意識にフックするわけですね。

いずれにしても、ネット銀行の口座は、必ず開設しましょう。

すでにお持ちの方は、もう1つ開設して、「プライベート用」と「ひとりビジネス用」をハッキリと区別しましょう。このあたりを、なあなあにしないことです！

「ネット銀行」を開設しよう。

オススメの「決済」ノウハウ

お客さんに支払ってもらう段階、つまり「決済」のときにもノウハウがあります。

オススメの決済は、「カード決済」です。

カード決済には、厳しい審査や高価な端末が必要と思っている人も多いのではないでしょうか？

最近は、実に簡単にカード決済を行うことができるサービスがあります。代表的なものでは、ツイッターの創業者が始めたスクエア（Ｓｑｕａｒｅ）や、楽天の楽天スマートペイ、コイニー（Ｃｏｉｎｅｙ）などがあります。

いずれもクレジットカードを通す小さな端末をスマホに差し込むだけでカード決済が行えるサービスで、ネット上から申し込むだけで利用が可能。対面販売の際におつりを用意する必要もなく、非常にスマートです。

対面ではなく、ネット上でのカード決済であれば、ゼウスやクラウドペイメントやイプシロンなどの決済代行サービスを利用する手があります。

ほかには、129ページで紹介したスパイク（ＳＰＩＫＥ）のようなオンライン決済サービス、ウィックスドットコム（Ｗｉｘ．ｃｏｍ）やジンドゥー（Ｊｉｍｄｏ）のような決済機能つきのホームページ作成サービス、ベイス（ＢＡＳＥ）のようなネットショップ作成サービスもあります。

面倒がらずに資料をホームページからプリントアウトして、自分に合った「決済サービス」を検討しましょう。

もちろん、対面でもネット上でも、クレジットカードの利用に心理的な抵抗のあるお客さんは少なくありません。現金払いや銀行振込での支払い、宅配業者さんの代金引換払い（代引き）なども視野に入れるべきです。

これらをうまく組み合わせながら、商品の決済チャンネルを多角化していくことが「ひとりビジネス」発展のコツです。

「カード決済サービス」を利用しよう。

安易な法人化は、危険！

「ひとりビジネスでは、法人化したほうがいいのでしょうか？」

とよく聞かれます。

結論から言います。慌てないでください！

ひとと昔前よりも、簡単に「株式会社」を設立できるからといって、安易に法人化すると痛い目にあいます。焦る必要はないのです。

もちろん、名刺に「株式会社」と記載したほうが信用してもらいやすいとか、ホームページなどにもきちんと会社概要を表記できるとか、メリットもあるでしょう。

でも、目安としては年間の利益がコンスタントに700〜800万円を超えるまでは、法人化しないほうがいい。法人化しても税制上のメリットは少なく、すべての経費が法人価格（たいがい高額）になってしまい、個人に対するサービスも適用されなくなります。むしろ、出ていくお金のほうが多くなってしまうのです。

賢い人たちは、安易に法人化せずに、「個人事業主」としてやっています。

複数の税理士に相談してみてください。ビックリするのは、税理士の方々が法人化していない場合がとても多いという事実です。注意して、よく観察してみましょう。

「ひとりビジネス」を武道にたとえると、売り上げ（年商）１０００万円までが白帯、１０００〜２０００万円までが茶帯、２０００万円を超えると黒帯と言われています。

しかし、ここで気をつけるべきポイントがあります。前述したように、大切なのは売り上げではなく、利益だということです。たとえ１０００万円の売り上げがあったとしても、純利益が年間にわずか10万円だったらトホホな結果と言えますよね。

まずは、年間利益３００万円（月に25万円）を目指し、次に１０００万円（月に約80万円）、そして２０００万円（月に約１５０万円以上）を目指していきましょう。

そこを超えたら、次のステージのことを考えて実践していけばいいのです。

法人化を焦らない。

見栄だけのオフィスはいらない！

法人化と同じく、「ひとりビジネス」初心者がよくミスしがちなのが、オフィス。「ひとりビジネスを始めるんだ！」と息巻くのもわかりますが、専用のオフィスは利益が潤沢に出るようになってからで十分。

見栄を張って、安易にオフィスを借りたり、秘書を雇ったりするから、倒産するのです。家賃と人件費が、どれだけ経営を圧迫するか！　失敗してからでは、後悔だけが残ります。

はじめは、「自宅オフィス」からスタートしましょう。ネット環境にパソコン1台とスマホがあれば、十分オフィスとしての機能を果たせます。

家だと集中できないという人や、自宅の住所を知らせたくないという人は、「シェアオフィス（複数の利用者が同じスペースを共有するオフィス）」を利用したり、「バーチャル・オフィス（郵便物の受け取りや住所だけを貸してくれるシステム）」を使ったりする方法もあります。

またここ数年、大都市を中心に、「コワーキングスペース」と呼ばれるシェアオフィスも増えています。これは、広いスペースを区切ってブースタイプの専有スペースを作る従来型のシェアオフィスとしての機能も持ちながら、フリースペースも用意し、利用者同士の交流やビジネスマッチングに重点を置いたオフィスのこと。専有スペースを借りるシェアオフィスよりも低価格なものが多く、人脈作りにつながる場合もあるので、ぜひ候補に入れてみてください。

いずれにせよ、「ひとりビジネス」が軌道に乗って、定期的に利益が出るまでは、いたずらに毎月の固定費をかけないようにすることです。

打合せは、カフェやホテルのラウンジで十分。汚くて狭い事務所でミーティングするよりも、飲み物も出してくれて掃除やサービスも行き届いています。

固定費をかけない。

小学生のころから遅刻グセのある人は、
大人になってもやっぱり遅刻してきます。
感情習慣（心）・
思考習慣（頭）・
行動習慣（体）を
「ひとりビジネス」用に
軌道修正していきましょう。

第６章

感情習慣＆思考習慣＆行動習慣

「ひとりビジネス」成功習慣

「習慣」とは、頭と体と心のクセ

「習慣」は大きく次の3つで構成されています。

【習慣】

①感情習慣（心のクセ）
②思考習慣（頭のクセ）
③行動習慣（体のクセ）

「ひとりビジネス」に成功をもたらす、それぞれの習慣ベスト3を発表します。

習慣を「ひとりビジネス」用に矯正しよう。

「ひとりビジネス」成功習慣　ベスト3

〈感情習慣〉

・「応援」の習慣
・「快トレ」習慣
・「感謝」の習慣

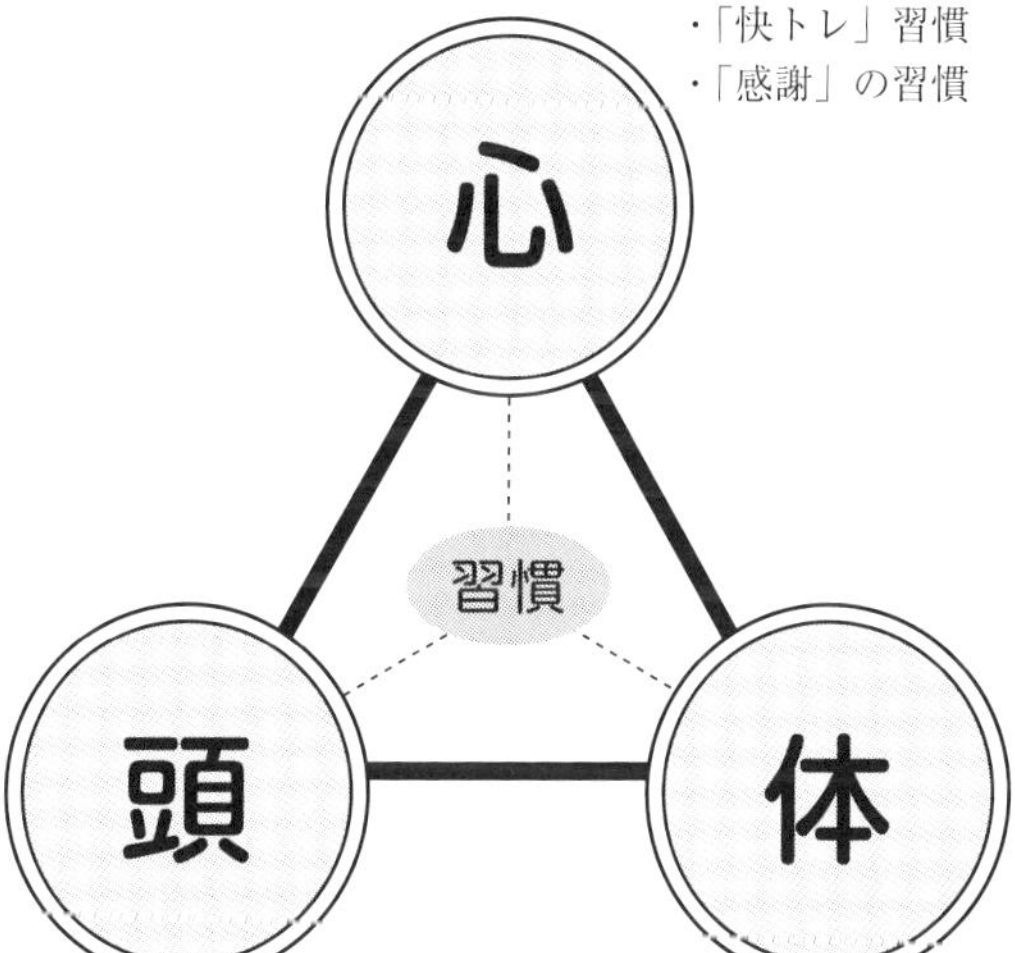

〈思考習慣〉

・「メモ」の習慣
・「9マス」習慣
・「日記」の習慣

〈行動習慣〉

・「ビビサク」習慣
・「さわズー」習慣
・「早起き」の習慣

感情習慣

「応援」の習慣

「応援する」というのは、大事な感情習慣。言い換えると、嫉妬しないことです。

たとえば、同業他者が売れていると、

「くやし〜」

って思いがちですよね。そこを、

「おめでとうございます。私にも何かお手伝いできることありませんか？」

と、真心で言える心の器の大きさが大事です。

ブログでも、自分のことばかりしか書いていない人は、やっぱりダメです。

「○○さんが今度新しい商品を出したんです。とってもいいですよ」

「○○さんが今度セミナーをするそうです。お近くの方、行ってあげてくださいね」

うまくいっている人は、やっぱり人を応援しています。

実際、ほとんどの人は電話をかけてくるときは、何かを頼むときです。

「今度、イベントをやるので、集客を手伝ってくれませんか？」

ところが、うまくいっている人は、逆。

「最近会ってないけど、何か困ってることない？　何か応援できることある？」

と、言うのです。

そんなふうに言われると、言われたほうはうれしくなって、

「この人を、応援し返してあげよう！」

と、思うもの。いい意味で「仕返し」したくなるのです。したことが、ブーメランのように返ってきます。応援する人は、逆に応援されるのです。


「何か、お手伝いできることはありませんか？」

そう言える人になれば、「ひとりビジネス」はとてもうまくいきます。いざってときに、本当に応援してもらえます。幸せに成功するには、大好きな人たちを真心で応援するのが近道であり、結局のところ、ハッピーサクセスには、それしかないのです。

人を「応援」しよう。

感情習慣

「快トレ」習慣

感情習慣に関して、とっても有名な話があります。

「もし、あなたがアフリカの奥地に靴を売りに行けと命じられたら?」という話です。長いフライトの末、さらにバスや車を乗り継いで、やっとのことでアフリカへ到着したあなたは、現地の人々を見てビックリします。

「誰も靴をはいていないじゃないか!」

そして、次の2つのいずれかの反応をします。

①本社へため息をつきながら報告
「もしもし社長ですか? こちらでは、みんな裸足です。こりゃダメです。まったく市場として成立しませんよ。せっかく費用かけて来てみたけど、ムダ足でしたね」

②本社へ興奮ぎみに報告

「もしもし社長ですか？　こりゃすごいことになりそうですよ。だって、ここでは誰ひとり靴をはいていないんですよ！　とてつもない広大なマーケットですよ、ここは！」

事実は1つ、感じ方は2つ。同じ景色を見ても、よいほうにとらえるか？　悪いほうにとらえるか？　それをどうとらえるかは、人によってまったく異なります。

人間がやることは、結局、「感じる→考える→行う」、この3つだけなのです。

どう感じ、どう考えて、どう動くか。まず、感情が動く。それに連動して、思考が動く。その結果、なんらかの行動につながる。

つまり、**できごとを「不快」と感じず、「快」ととらえる習慣を持つことが大事です。**感じ方のスイッチを変えることで、考え方も、行動も、よりよい方向にリンクしていくことができるのです。

できごとを「快」ととらえよう。

感情習慣

「感謝」の習慣

「感謝の気持ち」を持つことは大事ですよね。

「感謝する」のは、最強の感情習慣です。

うまくいっている人は、

「これができたのも、スタッフのお陰です」

と、スタッフをちゃんと労《ねぎら》って、感謝の気持ちを述べます。

アカデミー賞などの授賞式でも、

「妻と家族に感謝します」

「スタッフに感謝します」

とか、必ず感謝の気持ちを述べるもの。

「オレの演技がすごかったから」

とは、誰も言わないですよね。

「みなさんのお陰です！」という「お陰さまスピリット」が大事なのです。

「陰」があるから「光」があります。「自分が今輝いて見えるのは、陰があるからだ」と、「陰」に「お」と「さま」をつけて感謝する。謙虚になることが大事です。


だから、**「ありがとうございます！　お陰さまで！」という言葉は、「ひとりビジネス」をグングン加速させる魔法の言葉です。**ちょっとしたことに対しても、いちいちしつこいくらいにこのマジック・ワードを多用すると、ビジネスだけでなく、私生活もうまくいきます。


さらに、感謝の念を伝えるときは、相手の名前をつけるのがコツです。

「○○さん、ありがとうございます！　お陰さまで……」

相手の名前をつけると、真心がダイレクトに伝わってなおよしです。

「お陰さまスピリット」を持とう。

思考習慣

「メモ」の習慣

「メモ」には、3つの種類があります。

【3つのメモ】
①ビジョン・メモ
②アイデア・メモ
③リマインダー・メモ

一般に「メモ」と言うときは、「リマインダー・メモ」のことを指しています。「大根1本買ってくる」「○○さんに電話する」といった、忘れないためのメモですね。
しかしながら、「ひとりビジネス」のメモは、「リマインダー・メモ」よりも「アイデア・メモ」や、「ビジョン・メモ」が大事です。アイデアやビジョンについて、何かひらめきや気づきがあったなら、すかさずメモ。**とにかく書く習慣を持つ。**

メモする際には、大事なことが1つだけあります。それは、**あちこちのノートやメモ帳に書き散らかしたアイデアを1つにまとめておく「母艦ノート」を作ることです。**

この「母艦ノート」という言葉は、私の友人でベストセラー『「結果を出す人」はノートに何を書いているのか』の著者の美崎栄一郎さんの造語。自分のデスクに、いつも置いておくノートのことです。A4サイズの資料類もきちんと入れ込むことができる、大きめのものがいいでしょう。

私は、自分のデスクの脇に、常に母艦ノートを置いて、すべての重要なプロジェクトやアイデアはこの1冊に凝縮しています。余計なものは適宜捨てていき、できるだけスリムになるようにしておきます。整理しておけば、パラパラとめくるだけで、さらにいいアイデアが見えてくることも少なくありません。

デスクの脇に、頼れる秘書とも言える母艦ノートを配置しましょう。

とにかく「メモ」を書こう。

思考習慣

「9マス」習慣

「ひとりビジネス」では、常に「9マスメモ」で思考する習慣が大事です。

たとえば、「キャッシュポイント」を考えるとき、商品ラインナップを考えるときなど。

人は、アイデアを箇条書き方式で出そうとすると、3つ程度で満足してしまいます。

ところが、独創的・個性的なアイデアというのは、4つめ以降から生まれるのです。

やり方は、簡単。9マスの中央にテーマを書き、その周囲の8つのマスを、ちょっと不思議な順番ですが、1から8へと数字の順に埋めていきます。

そう、**人は、ワクがあると埋めたくなるのです！**

9マスメモは、アイデアを出したいときだけでなく、問題や悩みを解決したいとき、

9マス®メモの使い方

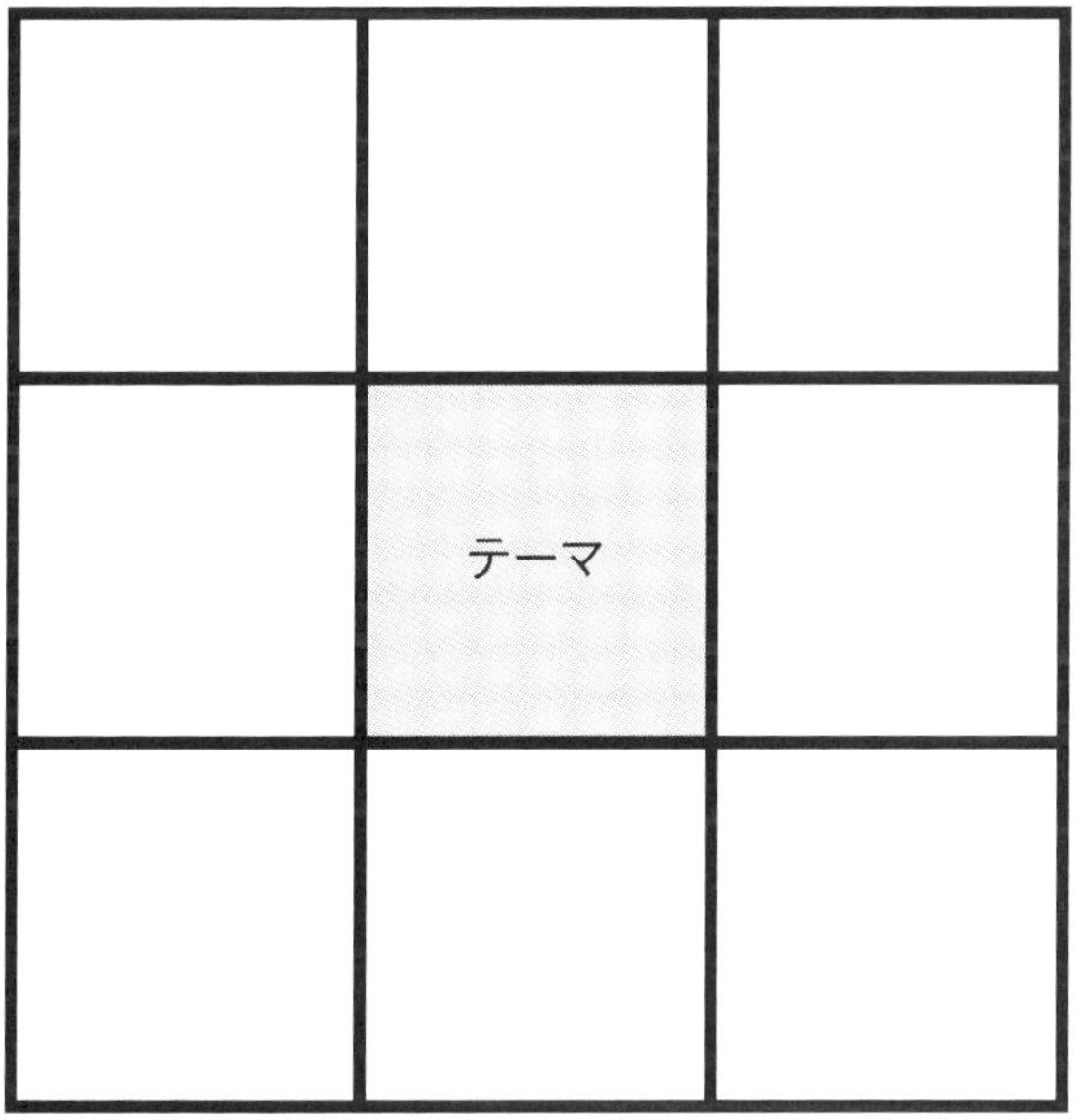

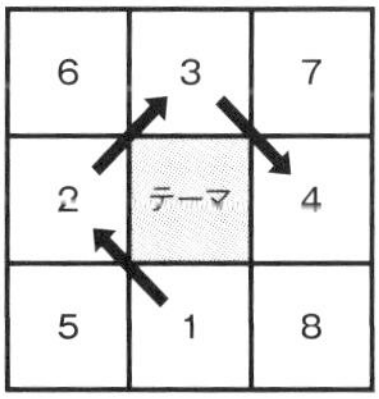

9マスの中央にテーマを書き、その周囲の8つのマスを1から8へと数字の順に埋めていきながら使用する。

夢や目標をクリアにしたいときなど、「ひとりビジネス」のさまざまなシーンで活用することができます。

プロ野球の日本ハムで大活躍している二刀流・大谷翔平選手も、高校時代に花巻東高校の佐々木洋監督の指導のもと、この9マスで「ドラフト1位　8球団指名」というテーマで、肉体面やメンタル面のトレーニングを考え、見事、夢を実現したことで有名です。

9マスというマトリックスで考えることで、視野が一気に広がり、いろいろなアイデアが次々と浮かんでくるのです。

「たかがメモ、されどメモ、9マスメモ」なのです！

「9マスメモ」で考えよう。

思考習慣

「日記」の習慣

「ひとりビジネス」には、上司もいないけれど、部下もいません。これはいい点でもあるのですが、デメリットもあるのです。何時に起きてもいい。仕事をサボっても、誰からも怒られない。誰も何も言ってくれないですから、自分と対峙《たいじ》する時間を持たないと、どこまでも、とことんだらしなくなっていきがちです。

自分で自分を管理し、思考を深めていくときに役立つのが、「日記」です。

「ひとりビジネス」の成功に欠かせない8つの分野について、毎日たったの1行でもいいから、日記を書きましょう。

【ひとりビジネスの8つの分野】

①ミッション&ビジョン

②コンテンツ&商材
③パーソナル・ブランディング
④ウェブ&システム
⑤集客&マーケティング
⑥マネー&戦略
⑦感情習慣&思考習慣&行動習慣
⑧チーム&コミュニティ

たとえば、②のコンテンツ&商材で、「新商品の○○を思いついた」とか、⑥のマネー&戦略だったら、「今日の売り上げ0円」でもいいんです。0円だったと、ちゃんと数字と向き合うことが大事です。

日記を書くときは、やっぱり「9マス」に書くのがオススメです。中央のマスに、今日の日付を書き、周りのマスに、8分野での気づきを書いていきましょう（ご希望の方は、私の公式サイトで「9マス日記」のセミオーダーをお受けしています）。

「9マス日記」で自分と対峙しよう。

9マス®日記 for ワンビズ

【ひとりビジネス用の9マス日記】

ウェブ＆システム	集客＆マーケティング	マネー＆戦略
パーソナル・ブランディング	○月○日	感情習慣＆思考習慣＆行動習慣
コンテンツ＆商材	ミッション＆ビジョン	チーム＆コミュニティ

「ひとりビジネス」の8つの分野について、
毎日1行でもいいから日記を書こう。
この9マス日記が、そのままデータベースとなり、
アイデアの宝庫となる！

行動習慣

「ビビサク」習慣

「ビビサク」という言葉を知っていますか？

海外の食べ物？　それとも、新種の動物？

もちろん、造語ですから、辞書を引いても出てきません。

「ビビサク」とは、「ビビッと感じたら、サクッと行動する」という行動習慣を表した言葉です。

たとえば、

「そうだ！　○○さんに電話してみよう」

そう、ビビッと感じたことは、素直にその直感に従い、サクッと行動に移してみる。

過去の体験をよく思い出してみてください。うまくいったときというのは、なんにも迷いがなかったはず。うまくいくときは、迷わないものなのです。

逆に、あれこれ迷ったときは、どうだったでしょうか？

「絶対儲《もう》かるらしいから、お金を貸してみようかなあ」

「う〜む、なんとかやっていけそうだから、結婚してみるか……」

などと、ビビッと感じていないのに、迷いながらも選択してしまった末路は、

「こんなはずじゃなかったのに（涙）」

という後悔の念と抱き合わせです。

だから、**「迷ったらやめる！」**これも、肝に銘じておきましょう。


「ビビッと感じて、サクッと行動。行動すれば、次の夢舞台」

このビビサク習慣こそ、「ひとりビジネス」の成功を加速させるアクセルです。

「ひとりビジネス」の経営者であるあなたが、自分自身と直感を信じられないようでは、いったい何を信じてビジネスの舵取《かじと》りをしたらいいというのでしょうか？

ビビッと感じた、あなたのその直感を信じるという姿勢が大事なのです。


ビビッと感じて、サクッと行動しよう。

行動習慣

「さわズー」習慣

「ビビサク」習慣と並んで、「ひとりビジネス」成功への近道となる行動習慣が「さわズー」。

「さわズー」とは、「さわやかな、ズーズーしさ」という行動習慣を表した言葉です。

「ひとりビジネス」を最短で成功させるには、このさわやかなズーズーしさが必須なのです。別名「笑顔でゴリ押し」と言うこともあります（笑）。

たとえば、カリスマ営業マン、販売の天才たちが使う最強にして最高の言葉があるのですが、あなたはご存知でしょうか？

うーむ、いったいなんでしょうね？

正解は、ズバリ、「買って！」です。

「ぜひ、商品を買ってください！」

と、さわやかに、ズーズーしく言うことです。

「とってもイイから、ぜひ購入してみて！」

と自信と誇りを持って、ハッキリと伝える。正面から堂々とお願いする。

基本はストレート。安っぽい羞恥心から、まわりくどい変化球を投げることはありません。


前項でご紹介した「ビビサク」習慣と合体させるとこうなります。

「ビビサク」＋「さわズー」＝「ビビさわズー」

今日から、あわせて実践しましょう。

さわやかに、ズーズーしくお願いしよう。

行動習慣

「早起き」の習慣

「ひとりビジネス」では、「早起き」はとっても大事なルールです。ゴールデン・ルールと言っていいでしょう。いまだかつて、「早起きしていないけど、ひとりビジネスで大成功を長く継続している」という人に会ったことがありません。あの人はすごく夜更かしで朝寝坊だけど大成功しているという人も、数年すると消えています。

一方で、うまくいっていない人は、たいてい夜型なのです。生活習慣がめちゃくちゃだと、一時的には成功する時期があるかもしれませんが、結局は継続できないのです。

では、何時に起きるのがベストなのか？

答えは、ズバリ、**「日の出起き」**。

夏は早く、冬は遅く、ゆったり大自然のリズムで起床する。この日の出起き習慣が、理想です。

といっても急にはムリでしょうから、1週間に10分（1日約90秒）だけ、徐々に早く起きる習慣をつけていきましょう。変化に気づかないくらいのベビーステップが、習慣を変えるコツなんです。

朝早く起きるためには、夜早く寝ることが大事です。

人間は、夜10時から深夜2時までの時間帯に、もっとも成長ホルモンが分泌されます。ところが、夜更かし習慣を続けて、この時間帯に起きていると、脳内から出るはずの成長ホルモンの供給が極端に少なくなってしまって、結果的には、白髪、シミ、シワ、たるみといった現象がジワジワと現れてきます。なんと言っても、ふんばりがきかなくなります。

「ひとりビジネス」を元気に継続していくために、**「今日寝て、明日起きる！」**を習慣化しましょう！

「日の出起き」しよう。

チームは仲間、
コミュニティはファン。
「ひとりビジネス」だからこそ、
チーム＆コミュニティの
発想が重要です。

第 7 章

チーム＆コミュニティ編

小さな「チーム」、
大きな「コミュニティ」

「ひとりビジネス」だからこそ、「チームの発想」が大事！

「ひとりビジネス」という語感から、世間には「ひとりぼっちで黙々とやるビジネス」という印象を持たれてしまいがちですが、「ひとりビジネス」はけっしてひとりぼっちでやるビジネスではありません！　もちろん、最終的な責任は自分ひとりが負いますが、**「ひとりビジネス」だからこそ、「チームの発想」が重要です。**

「ひとりビジネス」実践者の多くは、スペシャリストです。

たとえば、ホームページ制作なら任せろとか、セミナーならどんと来いとか、動画や音声の編集なら誰にも負けないよ……など、ひとりひとりはそれぞれ素晴らしい得意分野を持っているものです。

でも残念ながら、ひとりですべてをカバーできる人はいません。何万人にひとりくらい、オールマイティのジェネラリストがいるかもしれません。でも、少なくとも、私もあなたも万能ではないはず。そこで、チームの発想が大事になってきます。

スペシャリストたちが集まれば、全体でジェネラリストになれるのです。

もちろん、同じ分野の人間だけが集まって、烏合《うごう》の衆になってはいけません。経理の専門家が9人集まっても、新しいビジネスはなかなか創造できませんし、得意な分野も重複しがちです。

自分にない視点、知識、技術、経験を持っている人と「チーム」を組むからこそ、全体でハイパー・ジェネラリストになることができます。自分にないものを努力で30年かけて埋めようとせずに、得意な人の力をサクッと借りて助けてもらう。

「ひとりビジネス」の最大のコツ、それは「ひとりでやらないこと」なのです!!

チームには、名前をつけましょう！　チーム名があるところ、そこには不思議な結束力が生まれます。

チーム名は、「チーム○○」の○○に、あなたの名前を入れればいいだけです。

あなたが華子さんなら、「チーム華子」。あなたが隼人くんなら、「チーム隼人」。

ちなみに私のチームは、「チームＤＥＮ」です。

チーム○○を作る！

（○○には、あなたの名前が入ります）

ウェブ＆システム	集客＆マーケティング	マネー＆戦略
パーソナル・ブランディング	チーム○○	感情習慣＆思考習慣＆行動習慣
コンテンツ＆商材	ミッション＆ビジョン	チーム＆コミュニティ

９マスにあなたのチームの構成メンバーを書き込んでみよう！

チーム・メンバーを考えるときは、ここでも「9マス」が活躍します。

マスの真ん中には「チーム○○」と記入して、残り8つのマスに、「ひとりビジネス」の8つの分野のサポートをお願いできそうな人を書き込んでいくのです。

たとえば、ウェブ&システムの分野は、ネットやホームページ制作に詳しいAさん。パーソナル・ブランディングの分野は、プロフィール写真や自己紹介動画の撮影をサポートしてくれるBさん。コンテンツ&商材の分野は、商品の配送作業をお手伝いしてくれるCさん。集客&マーケティングの分野は、セミナーやイベントの手助けをしてくれるDさん。ミッション&ビジョンの分野は、困ったときの相談役としてEさん。

こんなふうに、8つの分野を任せられるチーム・メンバーを書き込んでみましょう。

該当する人が思い浮かばない分野が出てくるかもしれません。それでもいいのです。

「そういえば、マネー&戦略分野のアドバイザーがいないなあ……」

空欄があれば、こんなふうに普段から気にするようになります。

もちろん、チームは変更してはいけないものではありません。ちょっとこの人は方向性が違うと感じたら、また別の方を探して、チームを再編成しましょう。

「チーム○○」を作ろう。

「チーム・メンバー」の条件

「チーム・メンバー」の条件は、次の２つ。

【チーム・メンバーの条件】
①必要条件……お互いに応援し合える仲間かどうか。
②十分条件……気軽に連絡を取り合ってお茶できる仲間かどうか。

「自分のチーム・メンバーは誰か？」を考えるときに、この２つの条件を満たしているかをチェックポイントにしましょう。

特に、「お互いに応援し合えるか」は、非常に大事です。気分よく応援し合えると、チームはどんどん活性化していきます。

チームの中で、特に頻繁に会って、よく話ができる人を「コア・スタッフ」と言います。コア・スタッフを中心として、さらにときどき気軽にお茶するようなメンバー「サポート・スタッフ」がいると、チームはどんどんよくなっていきます。

チームのメンバーは、多ければいいというものではありません。チームが巨大化すると身動きがとれなくなります。**チームは、小さいほうがいいのです。**小回りのきく、小さなチームを作りましょう。

理想としては、コア・スタッフ4名、サポート・スタッフ4名の合計8名。そして、男女比は、半分（4名）が男性で、半分（4名）が女性なら完璧です。

チームのメンバーは、上下関係ではなく、ゆるやかに横につながって、応援し合う自由な「仲間」です。けっして、共同経営をすすめているのではありません。「ひとりビジネス」でとても大事なのは、ひとりぼっちで寂しくコツコツと仕事をすることではなくて、ユカイな仲間、尊敬できるチームの中で、お互いに自分自身を磨いていくことです。

応援し合えるユカイな「仲間」を探そう。

「すごい人」をチームに入れる

あなたのチームには、「ひとりビジネス」で大成功していたり、人から尊敬されるような社会的地位を確立していたりする人はいますか？

8人の社会的なポジションを、頭の中で考えてみましょう。

「人間は、自分がよくかかわる8人の平均である」

という至言があります。

たとえば、田中君という男性がいたとしましょう。この田中君が普段、仲よくしている友達を8人ピックアップします。すると、面白いことに、ピックアップした8名の年収の平均値が、なんと田中君の年収なのです！

つまり、自分と同じくらいのセルフイメージの人とおつき合いしてしまうのが、人間の性《さが》なのです。

だから、人生でのステージを上げようと思ったら、つき合う人を変えるのがいちばん簡単です。サラリーマンがサラリーマン同士で、赤提灯《ちょうちん》でグチを言い合ってくだを巻いているうちは、ステージもポジションも変化しません。

あなたのチームを引き上げるために、メンバーのうち何人かには、「すごい人」に入ってもらいましょう。「さわやかなズーズーしさ」でお願いするのです。断られたっていいんです。お断りされたときは、今はまだその時期じゃないというだけ。きっとしかるべき時期が来たら、あなたを一段階引き上げるアドバイスをくれるでしょう。

「すごい人」をメンバーにしよう。

チームを活性化する「勉強会」

「経営資源」という言葉は、1度は耳にしたことがあると思います。一般に、「人、モノ、金」と言われますが、このほか「情報」や「時間」なども、大事な経営資源とされています。

これらの経営資源の中で、もっとも重要なのが、なんと言っても人です。

いくらモノや時間がたくさんあっても、肝心要の人がいなかったら、電源のないスーパーコンピューターみたいなものです。どんなに高性能なスパコンでも、電源というエネルギーを供給できなければ、ただのキレイな箱。

「ひとりビジネス」でも、人というエネルギーを集めることができなければ、それは絵に描いた餅、机上の空論。

それだけあなたにとって、チームは大事だということです。

いいチームは、あなたの「ひとりビジネス」を3倍速で加速させてくれます。

チームを活性化していくいちばんのコツは、ズバリ、チームの「勉強会」です。

近所のカフェでも、ファミレスでもいいのです。チームで毎月、定期的な勉強会をして、刺激し合い、応援し合う。

「セイムタイム・セイムプレイス」で、習慣化してしまうのがコツです。

メンバーが遠方にいる場合は、スカイプ・ミーティングをすればいいだけです。

このスカイプ・ミーティングのコツを、「ひとりビジネス」で大成功している立花岳志さんに教えてもらいました。それは、必ずカメラをオンにしてお互いの画像を出すというルールにすること。つい声だけにしてしまいがちですが、非常に重要なキモですよ。

チームの「勉強会」をしよう。

「コミュニティ作り」は、「ファン作り」

「ひとりビジネス」において、チームと同じくらい大切なのが「コミュニティ」です。**コミュニティとは、あなたの「ひとりビジネス」の「ファン」のこと。**単なる客ではなく、あなたの「ひとりビジネス」を盛り上げてくれる「サポーター」です。

では、あなたのコミュニティにとっていちばん大事な人たちって、いったい誰だと思いますか？　よく商品を買ってくれるお得意さんでしょうか？

違います。もう気づきましたよね。あなたの家族です。

家族をファンにできなければ、前途が暗い。家族こそが、あなたの「ひとりビジネス」にとって、最大のサポーターであり、もっとも大事にしなければならないコミュニティのメンバーなのです。

人生のパートナー（配偶者）や家族から、賛同、応援を得られないような「ひとりビジネス」は、結局、破綻していきます。まずは、身近な人からファンにしましょう。

【コミュニティ作りのステップ】

①まず5人をファンにする
②3人増やして、8人をファンにする
③8人をさらに、大きく増やしていく

目標は、2万人です。前述したように、数字の根拠は、「アクティブなメルアド（メルマガがきちんと届き、読んでくれるファンのメルアド）を2万件以上持っていたら、黙っていても食べていける」と言われているからです。

どんどんファンを増やしていくために、いちばんパワーがいる部分は、5人を8人にするときです。ここにしっかりフォーカスして、「ファン作り」を始めましょう。

合言葉は、**「身近な人を大切に！　身近な人から幸せに！」**です。

身近な人から「ファン」にしよう。

デジタルとリアルで、「ファン」とつながる

チームは小さいほうがよい一方で、コミュニティは大きく育てましょう。

「ひとりビジネス」では、**「小さなチーム、大きなコミュニティ」**が合言葉です。

コミュニティを作り、さらにそれを育てていくために、絶好のツールがあります。SNSです。

フェイスブックやツイッター、グーグルプラスなどが代表的ですが、しっかりとしたコミュニティを作るには、クローズドのSNSが向いています。

商品を購入した人だけが見られる、セミナーの参加者だけが招待されるといったクローズドのSNSがあれば、そこでのつながりはオープンなものに比べてぐっと強くなります。

クローズドのSNSとしてオススメなのは、フェイスブックのグループページです。

あっという間に、あなたの「ひとりビジネス」のファンサークルを作ることができます。そこで、メンバーに自由に交流してもらう。もちろん、管理人はあなたです。完全招待制ですから、ヘンな人が入ってきて、荒らされる心配はありません。

そしてもう1つ、忘れてはいけないのが、リアルの場を作ってコミュニティを盛り上げることです。リアルに会って話をする「場」を設定する。

特に朝はオススメ。駅前のカフェで十分です。はじめは数名でOK。誰も来なかったときは、「ひとりブレーンストーミング」すればいいのです。

私の場合は、毎月1回最終土曜日に「プレミアム朝カフェ」という名前で、リアルにコミュニティの希望者が会う場を設けています。

同じ時間、同じ場所「セイムタイム・セイムプレイス」で、コツコツ続けることで、コミュニティが育っていきます。

時間や場所に縛られずに交流できる「デジタル」の場と、定期的な「リアル」の場を設定することで、コミュニティはイキイキと活性化して成長していくのです。

「デジタル」と「リアル」の場を作ろう。

「お客様」の呼び方は？

チームやコミュニティの人間関係をよくするために、「呼び名」は大事です。

仲間をどう呼ぶかということは、長期的に見てとても重要なことです。「チーム」「クルー」「ファミリー」「同志」「スタッフ」などさまざまな呼び方がありますが、それぞれ独特のニュアンスがありますよね。

同様に、お客様も、「ファン」「参加者」「ユーザー」「カスタマー」「受講生」「クライアント」などなど、さまざまな呼び方があります。そこには、あなたがどういうスタンスでビジネスをしているかが如実に表れるのです。

あなたが教える立場のスクールなら「受講生」や「生徒さん」などになるでしょうし、カウンセラーなら「クライアント」が一般的でしょう。でもあえて「メンバー」と呼んだほうが、選ばれた人という印象を受けて、お客様の満足度は上がるかもしれません。

呼び名は、あなたと相手との距離感をどう保ちたいかで異なってきます。呼び名によって、相手や周りとの距離感が変わると言っても過言ではありません。

あなたと相手にとっていちばんしっくりくるという呼称を、日ごろからリサーチしていきましょう。

また、**熱心なファンを作るためには、お客様として接するのではなく、大事な友人・仲間として接することが大事です。**個々のファンと接するときは、フルネームとニックネームを覚えましょう。

呼びかけられた人にとって、もっとも心地よい響きを持った言葉は、ファーストネーム（下の名前）だということも、ぜひ覚えておいてくださいね！

「呼び名」を工夫しよう。

「ひとりビジネス」は、「ファンビジネス」

「ひとりビジネス」をどんどん推し進めていくと、あることに気づきます。

それは……、**「ひとりビジネスは、ファンビジネスだった！」**という真実です。

あなたの「ひとりビジネス」をサポートしてくれるチームは、当然あなたのファンのはずです。あなたを嫌いな人は、あなたを応援してくれません。

あなたの商品やサービスを買ってくださるコミュニティ（お客さん）は、まさしくあなたのファンそのものです。

つまり、チームもコミュニティも、結局はあなたのファンだということなのです。

だから、結論はこうです。

チーム作りは、ファン作り。コミュニティ作りも、ファン作り。

そしてよくよく考えてみると、あなた自身が、あなたのチームのメンバーを大好きでないと、チーム作りはうまくいきません。あなた自身が、あなたのコミュニティのメンバーを嫌っていたら、コミュニティ運営はうまくいくはずがないのです。

つまり、**あなたが「ファン」のみなさんひとりひとりを愛し、大切に思い、応援しなければいけないのです。**相思相愛とは、まさにこのことですね。

「ひとりビジネス」は、人間関係を学び、ビジネスを通してファンとの調和を実現させていく素晴らしい仕事です。

ダイヤモンドは、ダイヤモンドでしか磨くことができないように、人は、人でしか磨かれません。

人の間と書いて、「人間」。あなたとファン、ファンとあなた。その関係性の上に「ひとりビジネス」が成り立っているのです。

「ファン」を大切にしよう。

「ひとりビジネス」の核《コア》になるのは、
ミッション（使命）とビジョン（志）。
この両輪がクリアになればなるほど、
多くの人から応援されます。

第 8 章

ミッション&ビジョン編

「ひとりビジネス」マインドを身につける

「ブレない軸」を持て！

「ひとりビジネス」の成功のカギを握る8つの分野の中で、いちばん大事なのは、実は、この**「ミッション&ビジョン」**です。

「ミッション」とか「ビジョン」とか言われても、何だかよくわからないという人もいらっしゃるかもしれません。1つずつ説明していきましょう。

【ミッション】

ミッションとは、「使命」のこと。その漢字が示しているように、使命とは、命の使い方。「残された自分の命のエネルギーを、どこに使っていくのか？」です。

ミッションに気づいたとき、人は生命エネルギーをどんどん活性化させ、しかも循環させることができます。

【ビジョン】

ビジョンとは、「志」のこと。志とは、自分と自分以外の命の輝きのためになしとげたい構想。あなたの「理想とする世界」、あなたの「ゴールイメージ」です。

「ミッションやビジョンなんて考えたこともない。会社の給料とは別に月3万円くらいのお小遣いを稼げれば十分」

という人もいるでしょう。

でも、自分のミッションとビジョンに思いを馳《は》せる心のベクトルを持つことが大事。

ミッションとビジョンは、「ひとりビジネス」の北極星《ポラリス》。「ブレない軸」なのです。

それがクリアになっていないと、あっちへ行ったりこっちへ行ったり、迷走してうまくいきません。人からの応援も得られません。ブレない軸を持つことで、「ひとりビジネス」はどんどん加速するのです。

「ミッション」と「ビジョン」を持とう。

「ビジョン」を熱く語る人が、応援される

「ビジョン方程式」って、ご存知ですか？
ズバリ、これです。

夢＋○＝志

「夢（ドリーム）」に、何かが加わると、「志（ビジョン）」になるという意味です。
○の中に入る文字って、いったいなんでしょうか？
正解は、**公**。
「自分以外の人のために」というハッキリとした「使命（ミッション）」が加わると、
その夢は、志にまで一気にアップして、周囲からどんどんサポートを得られるように

なっていくということです。

とっても不思議ですが、真実です。

ドリーム　＋　ミッション　＝　ビジョン

単なる個人のドリームに、エゴを超えたミッションが加わると、とたんに変化が起こって、ビジョンにまで昇華するということです。

たとえば、あなたがパン屋さんの店長だとしましょう。

「多店舗展開をして、オーナーになる」

というのは自分が叶《かな》えたいドリーム。そこに、

「日本一、世界一のヘルシーでおいしいパンを提供し、来た人たちをハッピーにする」

というミッションが加われば、その夢はビジョンとなって、たくさんの人から支持され、物心ともにサポートされるのです。

始まりは、小欲（エゴ）だったとしても、

「自分のご縁のある方たちみんなをハッピーにするぞ！」

という大欲に変化していけばいいのです。

人間というのは、とても不思議な生き物。自分のために何かをするのは楽しいのだけれど、実はそのことだけでは、真の幸福感を感じられないもの。刺激はあるけど、感激は薄いのです。誰かのうれしそうな顔、温かい言葉、触れ合うぬくもりなど、自分以外の他者の命の喜びが存在していてこそ、魂が揺さぶられ、時として涙が出るほどの高揚感・至福感を味わうことができます。

他者に貢献するという、より高い意識。人のため、社会のため、自然のため。こういった目的意識が、「ひとりビジネス」を継続していくパワーになります。

そして、**ビジョンを熱く語れる人こそが、たくさんの人から応援され、物心ともにサポートされるのです。**目指しているゴールイメージをまるで絵のように、ありありと心に描き、ワクワク話ができる。これは、大変重要な要素です。

「この人ならついていきたい」

「よっしゃ！　そういうことなら、ぜひとも自分も応援させてもらうよ！」

そう言ってもらえるビジョンを熱く語りましょう。

「ビジョン」を語ろう。

朝イチのメールチェックより、大切なこと

ミッション（使命）は、気づくもの。
ビジョン（志）は、描くもの。

あなたの「ひとりビジネス」を加速するために、**ミッションは文字化してください。**つまり、言葉にして表現してみる。自分のミッションを文章にしたものを**「ミッション・ステートメント」**と言います。

一方で、**ビジョンはビジュアル化してみましょう。**図解したり、イラストにしたり、写真を活用したり。自分のビジョンをビジュアル化したものを**「ビジョン・マップ」**と言います。「ひとりビジネス」のゴールイメージを、自分の心の中のメンタルスクリーンに、ありありと描くことが重要です。

前述のパン屋さんを例にするなら、「日本一、世界一のヘルシーでおいしいパンを提供し、来た人たちをハッピーにする」というのがミッション。

ビジョンは、「お店に集まった老若男女、たくさんのお客さんが、みんな笑顔で、お互いにコミュニケーションを取りながら、楽しそうにおいしいパンを食べている風景」です。

この言葉と絵のダブルパワーが、今後の「ひとりビジネス」の強力な推進力になっていきます。


「自分のミッションを、文字化していますか？」

と尋ねると、

「はい、もうバッチリですよ！」

と元気よく返事をしてくれる方がいます。

では、それを教えてくださいと言うと、

「今は手帳を持っていないので、すぐには言えないんですが……だいたいこんな感じです」

などと、答えるではありませんか！

自分の北極星《ポラリス》であるミッションを、何かを見ないと正確に言えないのでは情けないです。ミッションは、何も見ずに、一言一句間違えずに、自信を持ってスラスラと、恥ずかしがらずに堂々と言えるようにしてください。

自分の自宅の仕事場のデスクの正面には、次の2つを掲げましょう。

【ミッションとビジョンをリマインドする2大ツール】

①ミッション・ステートメント……ミッションを文章にしたもの。
②ビジョン・マップ……ビジョンをビジュアル化（イラストや写真に）したもの。

ほかにも、手帳の先頭ページに掲げる、タブレットPCやスマホの画面上ですぐにチェックできるようにするなど、工夫してみましょう。

ポイントは、とにかく毎日どこかでミッションとビジョンをリマインドする習慣を持つことです。

世界一のホスピタリティを誇るリッツ・カールトングループでは、「クレド（信条)」と呼ばれている小さなカードに、ミッション・ステートメントが書かれています。

毎朝、部署ごとにそれを読み上げ、自分が今日1日どのように取り組むかを宣言し合うといいます。厨房《ちゅうぼう》などの水回りのスタッフにも対応して、クレドは防水仕様になっています。

元・日本支社長だった高野登さんが、

「伝ちゃんね、うちでは、コックさんたちのあの背の高い白い帽子に、わざわざクレドを入れるポケットを特注で作ってあるんだよ！」

と教えてくれました。さすがですね。

ミッションを徹底することで、ビジョンを形にしていくことができます。

朝イチのメールチェックの前に、ミッション・ステートメントを読み上げるところから1日をスタートしたら、あなたのビジネスはもう大成功間違いなしです！

朝イチで「ミッション・ステートメント」を読み上げよう。

「ミッション＆ビジョン」をクリアにする究極の質問

ミッションに気づくための質問があります。それは、ナチスの強制収容所を生き延びた体験を書いた代表作『夜と霧』の著者であり、精神科医・心理学者であったヴィクトール・フランクルが到達した究極の質問です。

【ミッションに気づく質問（フランクルの3つの質問）】
①「私は、この人生で、今、何をすることを求められているのか？」
②「私のことを本当に必要としている人は誰か？　その人は、どこにいるのか？」
③「その誰かや何かのために、私にできることには、何があるのか？」

3つの質問は、「人生の根っこ」へのとても強力で深い究極の問いです。中でも、

1つめの質問は、人生に何かを求めるのではなく、人生から何を求められているのかと、質問のベクトルが通常とは逆になっていることがポイントです。

次に、ビジョンに出会えるとっておきの方法をご紹介しましょう。それは「なんの制約もなければ、○○」という質問を自分に投げかけてみることです。

【ビジョンに出会える質問】

①「なんの制約もなければ、どんなふうに暮らしたいですか?」
②「なんの制約もなければ、どんなことをしたいですか?」

普段、私たちはいろんな制約や条件のもとに生きていますが、そういった制約や条件について考慮すればするほど、理性や論理を司る「左脳的な思考」が働き出します。

しかし、ビジョンは、右脳的な感性やイメージ力で描くもの。つまり、「なんの制約もなければ、○○」の○○には、心から望んでいる風景が入るはずなのです。

これらのゴールデン・クエスチョンで、ミッションとビジョンを明確にしましょう。

「ミッション」と「ビジョン」をクリアにしよう。

あなたの「ひとりビジネス」に、人を巻き込む方法とは？

「ミッションに気づき、ビジョンもありありと描けているのに、ビジネスがイマイチうまく進まない……」

そんな相談を受けることがあります。

その原因はほとんどの場合、自分ひとりだけがそのミッションとビジョンを理解しているケースです。つまり、ミッションとビジョンを、周囲の人と共有できていないのです。

人が何かをできない理由としてあげるのは、決まって次の3つと言われています。

「お金がない」
「時間がない」
「興味がない」

あなたが道行く人に向かって募金活動をしたとしましょう。すると、人はこの3つの理由のどれかで断るのです。

「寄付するお金がないから、NO！」

「今、ちょっと急いでいて時間がないから、NO！」

「そういうことにまったく興味ないんだよね、ごめん！　NO！」

どうですか？　なるほど、たしかにそんなものですよね。これは、私がリスペクトしているガイアモーレ株式会社の代表である須子《すこ》はるかさんが、ご自身のアメリカの路上での募金活動で学んだこととして教えてくれました。

では、逆も考えてみましょう。

あなたが応援したくなる人のことを頭に思い浮かべてみてください。あなたはその人のことを、なぜ、応援したくなるのでしょう？

きっと、その人はお金がなくても、時間がなくても、興味がなくても人を惹《ひ》きつけることのできるミッションとビジョンを持っているはずです。これこそが、「ひとりビジネス」の成功の最大のカギなのです。

力強いミッションとビジョンは、他人をエンロール（巻き込む）するパワーも大きいので、自然とビジネスもうまくいくのです。

あなたの周りの人たちが、

「よ〜し！　それならぜひ協力するよ！」

「何か少しでも私にできることあったら言ってね！」

「ぜひ、何かお手伝いさせてください！」

と言って、喜んで力を貸してくれるような、そんなパワフルでワクワクするミッションとビジョンをしっかりと構築し、どんどん発信していきましょう。


ミッションとビジョンが自己満足に終わっていないかを見直すときのポイントは、この2点です。

【ミッションとビジョンで、人を巻き込むポイント】

①聞いた人の、記憶に残るか？
②聞いた人が、他人に伝えたくなるか？

よりメッセージ性を高めていくのです。

自分ひとりだけが納得しているようなミッションやビジョンは、完成しているとは言えませんし、きちんとシェアできていなければ、共感は得られません。気づいたミッション、描いたビジョンをどちらも表現していくことがとても重要なのです。

また、もし自分のミッション・ステートメントを声に出して読み上げてみたときに、なんだか苦しい感じがする場合は、それは本当のあなたのミッションではありません。魂が打ち震えるくらい、わけもなく感動してしまう。それに向かって、ワクワク進んでいける気がする。課題や壁はあるかもしれないけど、そんなものをブレイクスルーしていくパワーが体の底から湧いてくるような感覚。

それこそが、まさにミッションです。

なんだかカッコいい文章だったからちゃっかり引用してみたというのは、ミッションではありません。違和感を覚えるようなときは、自分の言葉で自分らしくミッションを何度もブラッシュアップしてみましょう！

「ミッション」と「ビジョン」を周囲の人と共有しよう。

「Why（なぜやるのか）」を考える

「ミッションもビジョンも文字や絵にしている。でも、なんだかブレてるなあ……」

そう感じたときは、とにかく原点に戻ることが大事です。

原点に戻るとはどういうことか？

それは、**「Why（なぜやるのか）」を考える**ということです。

「What（何をやるのか）」や「How（どのようにやるのか）」よりも大事なのが、Whyです。


なぜ、自分はこの「ひとりビジネス」をやっているのか？

なぜ、この仕事に意味があるのか？

なぜ、売り上げをアップさせることがいいことなのか？

Whyが原点！

Whyが自分軸の核《コア》となる。

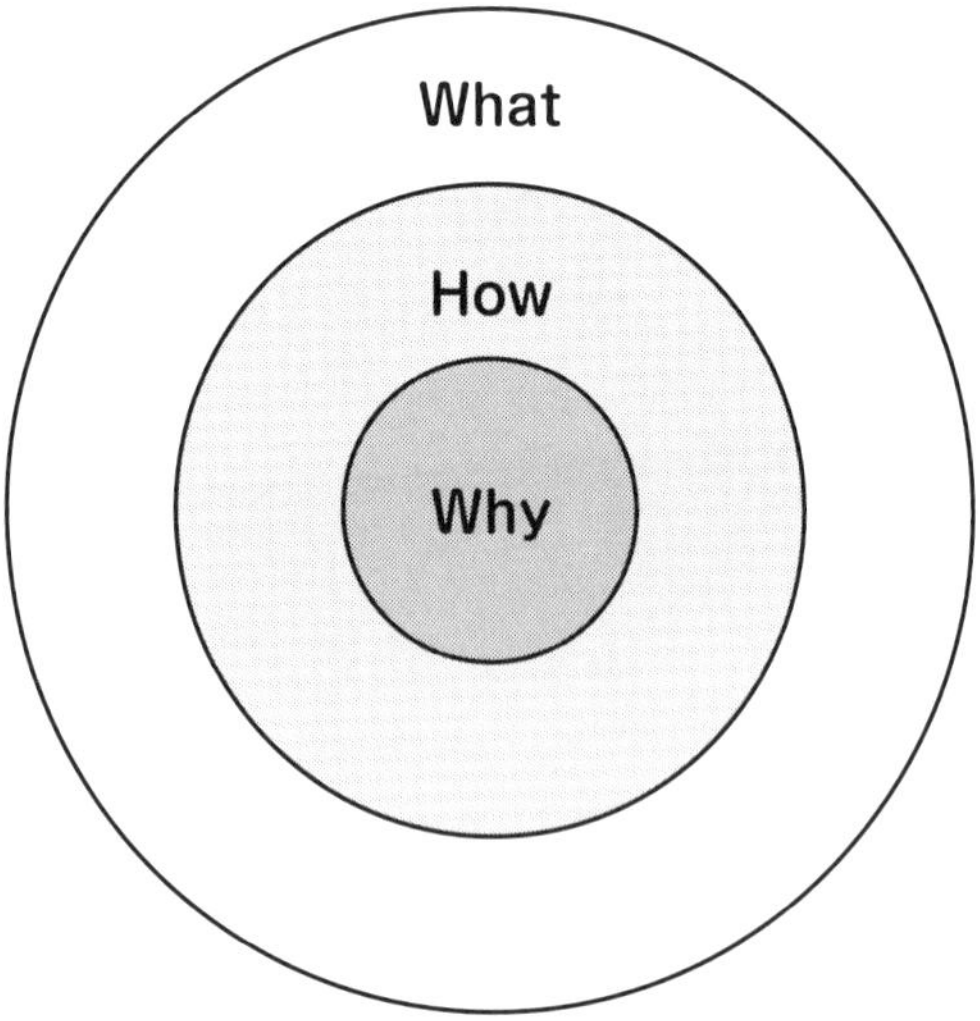

What や How よりも Why がもっとも重要！

なぜ？　なぜ？　なぜ？　なんのために？　誰のために？

この根っこの部分が、もっとも重要。

Whyさえしっかりしていれば、ブレることもありません。

たとえ、一時的にブレることがあったとしても、すぐに自分のミッションに戻ってくることができます。

「誰がなんと言おうと、これだけは自分の軸だ！」と言えるWhyをハッキリと持つ。

まさに、Whyは根っこであり、「自分軸」です。

それでこそ、「ひとりビジネス」という樹はしっかりと根を張って、大きく育っていくのです。

迷ったときこそ、「Why」を見つめ直そう。

未完成でもいいから、発信せよ！

会社の寿命って、どれぐらいだと思いますか？

1980年代では、30年でした。それが、みるみる短くなって、なんと今では、たったの7年。日本7年、米国5年、中国3年だそうです。

起業して法人化した会社が、7年しか持たないとは！　オギャーと生まれた子が、小学校に上がる前にその命の幕を閉じてしまうなんて、なんとも切ないですね。

やはり、思いつきで法人化したり、なんだか儲《もう》かりそうだからというだけの理由で商品をセレクトしたりしていると、平均7年くらいしかもたないということになってしまうのでしょう。

しっかりとした「ブレない軸」がなければ、あなたのビジネスは、大きな樹に育っていけません。その軸になるものが、なんと言ってもミッションであり、ビジョンです。ここがしっかりしていないと、やっぱり他の法人と同様に、「ひとりビジネス」も、７年程度の短命で終わってしまうのです。

ただし、**最初から理想的で完璧な、人を惹きつけるミッションとビジョンを作る必要はありません。**最初は、フワッとしていてもいいんです。

ミッションやビジョンがしっかりとしてから、「ひとりビジネス」を始めようなんていうカン違いはしないことです。

ミッションとビジョンは、憲法や法律ではありません。１度書いたものを、放置せずに見直してブラッシュアップしていっていいのです。ふとした気づきや直感や感動をもとに、修正していっていいのです。いやむしろ、修正していったほうがいいのです。あなたの魂の成長とともに、変化していって当然なのです。

大事なのは、未完成でもいいから、発信することなのです。

まず、発信しよう。

おわりに

「ビジネスの成功」と「人生の成功」は、必ずしもイコールではありません。仕事で大成功していても、家庭は崩壊寸前という経営者もいるのです。

人生もビジネスもどちらも大感謝・大満足という「幸せな成功（ハッピーサクセス）」を実現するために、「ひとりビジネス」をスタートしましょう。

「ひとりビジネス」のことを略して**「ワンビズ」**と言います。

これからは、まさにワンビズの時代。組織の中で縛られて歯車として不自由に働くのではなく、「ひとりビジネス」をする者同士が、ゆるやかにつながりながら、お互いのヒューマン・ネットワークを活《い》かし合いつつ、社会に貢献していく。そんな新しい時代の潮流を肌で感じて、まずワンビズの小さな一歩を踏み出してほしい。

たとえば、この『ひとりビジネスの教科書』をテキストとして、少人数の勉強会をスタートしてみるのはどうでしょうか？　ひとりではとうてい到達できそうもないような場所でも、仲間といっしょなら、たどり着けるものです。

まだ見えない未来を、いっしょに創《つく》っていきましょう。

今日という日は、私たちの残りの人生の最初の日です。そして、今日という日が、あなたの「ひとりビジネス」のターニング・ポイントです。

本書が、みなさんのワークライフスタイルのマイルストーン（一里塚）として、必ずお役に立てると自負しております。

最後に、本書を企画し編集してくださった森田葉子さん、チームDENのクルーたち、行動習慣ナビゲーター（Dream Navigator®）のみなさん、「ひとりビジネス応援塾」の塾生諸君、そしてドリームステージ・ゼロワンのメンバーの方たちに、真心の感謝を捧《ささ》げつつ、筆を擱《お》かせていただきます。本当にありがとうございます。

本書を手に取ってくださったあなたの人生に、イイことがシャワーのように降り注ぎますように♪

「ひとりビジネス応援塾」塾長　佐藤　伝

佐藤 伝（さとう でん）

【ひとりビジネス習慣の専門家】


都心にて創造学習研究所を30年間にわたって主宰。

ＮＨＫテレビ「おはよう日本」や雑誌「日経ビジネス アソシエ」でも、習慣のエキスパートとして紹介される。

「習慣」に関する著作が累計100万部を突破しているミリオンセラー作家である。

企業や教育機関での「行動習慣」についての講演は、わかりやすく具体的で、すぐ実践できるとその即効性が大好評。

「問題解決９マス・ノート」は、海外のメディアにも取り上げられ、ウィーン、ニューヨーク講演に続き、ロンドン、ミラノでも講演依頼が入るなど、その活躍のステージを広げている。

「なんとなくイイ気分」でいることがもっとも大事と、独自の理論を展開。

そのスピリットを自宅で学べる「行動習慣ナビゲーター認定講座（Dream Navigator®）」は、超・人気講座となっている。

ライフワークとして取り組んでいる「ひとりビジネス応援塾」と「Dream Stage Zero One」は、起業のためのベースキャンプ（発信基地）として高い評価を得ている。
親しみやすく謙虚な人柄から、「習慣といえば、伝ちゃん先生」と幅広い年齢層に慕われている。
国際ナイン・マトリックス協会　会長
ひとりビジネス応援塾 塾長

■佐藤 伝・公式サイト
http://satohden.com
■行動習慣ナビゲーター認定講座
http://kodoshukan.jp
■ひとりビジネス応援塾
http://satohden.com/juku

ひとりビジネスの教科書

2015年10月7日　第1刷発行
2017年7月7日　第6刷発行

著者　佐藤 伝

発行人　鈴木昌子
編集人　吉岡勇
企画編集　森田葉子
発行所　株式会社 学研プラス
〒141-8415　東京都品川区西五反田2-11-8
印刷所・製本所　中央精版印刷株式会社

この本に関する各種のお問い合わせ
【電話の場合】
・編集内容については TEL03-6431-1473（編集部直通）
・在庫・不良品（落丁・乱丁）については　TEL03-6431-1201（販売部直通）
【文書の場合】
〒141-8418　東京都品川区西五反田2-11-8 学研お客様センター『ひとりビジネスの教科書』係
この本以外の学研商品に関するお問い合わせは　TEL03-6431-1002（学研お客様センター）

学研の書籍・雑誌についての新刊情報・詳細情報は、下記をご覧ください。
学研出版サイト　http://hon.gakken.jp/